Yahoo!ニュースが認めた細かすぎる公式コメントをさらに細かく深掘りしたロシア　ウクライナ戦争解説

岡部芳彦

ワニブックス
PLUS 新書

はじめに

最初は、正直なところ、やや複雑な気持ちになりました。2022年末のある日、ヤフーの「コメンテーターアワード2022」大賞受賞の第一報を聞いた時に感じたのは、生まれて初めての何とも言えない気持ちでした。

子供の頃、学校などで表彰されるのが本当に嬉しかった僕が、大人になって貰う賞は、戦火にさらされる第2の故郷ウクライナでの戦争についてのコメントを評価されてのことだったからです。

戦争が始まってからYahoo!ニュース 公式コメンテーターになった直後は、気が進まず、またどう書いていいかわからずなかなかコメントを投稿できませんでした。そんなある日、大学でゼミ生になにげなくYahoo!ニュース 公式コメンテーターになったことを言ったところ、「えぇ！　すごいじゃないですか」とまるで神様でも見るかのような尊敬のまなざしで見られました。テレビに出演したことに対しては反応の薄かった彼ら若者にとってのネットメディアの重要性を実感した瞬間でした。

それからは、特にロシア・ウクライナ戦争について、インターネットを通じて、僕にしか伝えられないことがあるんじゃないかと思い、ただがむしゃらにコメントを書き綴ってきました。

少しYahoo!ニュース 公式コメンテーターについてお話しさせていただきます。22年2月現在、約270人がコメンテーターとして活動しています。各分野の専門家がそれぞれの専門領域に添ってコメントしており、読者は多角的な視点での解説や経験に基づく知識に触れることができます。

Yahoo!ニュースの編集部からどの記事にコメントするかの提案もありますが、コメンテーター自身が気になるニュースを選んでコメントすることもできます。コメント欄の字数は上限400文字と決まっています。

この本の構成は、まずロシア・ウクライナ戦争に関連したYahoo!ニュースに記した400文字のコメント、そしてその字数で書ききれなかったことを、写真を添えて補足しています。本書では、専門的な解説にくわえ、僕自身の思いや感想も書かせていただきました。最初から最後まで続けて読んでも構いませんし、皆さんの関心のある事項のみを単独でお読みいただくこともできます。

この本を通じて、ロシア・ウクライナ戦争で皆さんが感じた素朴な疑問や、報道だけでは「痒い所に手が届かない」と感じた事柄について、ご理解を深めていただければと思います。また、悲しいことに長引く戦争ですが、これまでの経緯をもう一度振り返るきっかけとしていただければとも考えています。

この本は、僕が見つめ続けてきたロシア・ウクライナ戦争の約1年間の記録です。目を覆いたくなる時も、憤りを感じる時も、泣きたくなる時も、怒りに打ち震える時も、それぞれ冷静に、そして立ち止まることなく書き続けたコメントです。それを評価されての「コメンテーターアワード２０２２」大賞ですので、今はただ心穏やかに、そして素直に受賞を喜びたいと思います。

できるだけ早くウクライナに平和な日が来ることを、そして以前の人々の笑顔溢れるウクライナに戻ることを強く願いつつ……。

２０２３年2月24日　ロシアによるウクライナ侵略が始まって一年の日に

岡部芳彦

目次

① 連絡が取れなくなったマリウポリの友人たち

最後にマリウポリに行ったのは2013年3月。アゾフ海に浮かぶ月の美しさに目を奪われ、普段あまり風景写真を撮らないのにいつの間にかシャッターを切っていました。その後、東ウクライナの戦闘が膠着状態に陥った後もなかなか行く機会がなかったけど、現地の友人から何度も訪問の誘いがありました。「ホントに最近、町の開発が進みお洒落になったので早くおいでよ」といった類の内容。そんな街をも平気で廃墟にすることを厭わないロシアの戦略、戦術的な「嗜好」には背筋が寒くなります。連絡が取れて無事を確認できた人がいる一方、連絡が取れない人たちもいてとくに現地のギリシャ系ウクライナ人幼稚園の人たちとは連絡がとれておらず本当に心配しています。18世紀のエカチェリーナ女帝の時代にロシアによってクリミア方面から強制入植させられたギリシャ人の子孫である彼らが、そのロシアによってまたしても故郷を失うのかといたたまれない気持ちです。

コメント記事：「マリウポリ、数日で陥落　ブチャ超える惨状の恐れ＝欧州当局者」2022年4月20日　ロイター

筆者が撮影したマリウポリ。左下に写っているのがアゾフスターリ製鉄所

記念すべき最初のYahoo!ニュース公式コメントへの投稿は、自分にとっては悲しい内容でした。写真の左にうっすら写るのは、ウクライナ軍の最後の拠点となったアゾフスターリ製鉄所です。

風光明媚な港町マリウポリは現在、ロシア当局によって見た目は豪華な復興住宅の建設が進んでいます。

まるでウクライナやウクライナ人の痕跡を消し去るかのように。

②　ロシア人の「自分はいつも被害者だ」と思う傾向

100％同感です。2014年以降、ロシアのテレビや新聞メディア、そして何よりyouTubeなどで公開されてる動画で「マイダン革命（2014年の政変）は民族主義者やナチスによって引き起こされ、以後の政権は全てネオナチに支配されている」といった情報を流し続けた結果、多くのロシア国民も信じてしまう状態になりました。一方、それを強調しすぎた結果、ゼレンスキー政権（ロシアがいうナチス政権）を倒すことに失敗した結果、国民に説明がつきにくい状況に陥っているのも事実です。ロシアが掲げたもう一つの理由「東ウクライナのジェノサイドを止める」ため、マリウポリなど南東部のウクライナを「解放」（もちろん不当な軍事占領ですが）したという屁理屈を、8年間洗脳され続け、ロシアによるナチスからのウクライナ解放という「良い事」をしていると思い込んでいるロシア国民がどこまで納得するかどうかもこの戦争の行方を左右すると思います。

コメント記事：「小原ブラス、故郷ロシアのウクライナ侵攻『かなり綿密に昔から準備してきたのでは』と分析」2022年4月23日　スポニチアネックス

ロシアの、いわゆる「特別軍事作戦」が始まってしばらくはこのような認識だったのですが、２０２２年9月21日にプーチン大統領やショイグ国防相によって予備役30万人の動員が始まると変化が見られるようになります。ロシア連邦保安局の公式発表で27万人あまりのロシア人男性が国を離れました。

一方、プーチン政権への批判は表立っては高まらず、最近ロシアのテレビが中心のプロパガンダで多いのは「実は、ロシアが戦っているのはウクライナではない。ウクライナ軍のフリをしたＮＡＴＯ軍との戦いで、ロシア人はアメリカのせいで、本当はしたくはないウクライナ人の同族殺しをさせられている被害者だ」といった論調です。どうも多くのロシア人は「自分はいつも被害者だ」と思う傾向が強いように感じます。

③ 北方領土での文化交流は命懸け

ビザなし交流で2016年には訪問団副団長で択捉島、2017年には訪問団長として国後島、2019年には再度訪問団長として色丹島をゼミ生とともに訪問しました。目的は日本のサブカルチャーを通じてロシア系島民、特に子供たちと交流を深め、北方領土の返還に繋げる事。「島をロシアと認めると誤解される行為は一切できない」という制約の中でイベント自体は成功裏に終了。でも、ロシア当局から、明治時代の集会での「弁士中止！」のような場面にも遭遇するなど「次行くのはやめようか」と思うこともありました。そんなときに勇気をくれるのは一緒に同行してくださる元島民の人たち。かつての故郷を奪われた悲しみ、怒り、憤り、そしてそれを乗り越えて現在の島民と交流を続けるその姿になんど励まされたことか。ビザなし交流は出来ずとも、元島民の墓参だけは止めるべきではないし、仮にロシアが自分を「正義の国」だと自称するのであれば認めるべきです。

コメント記事：「『北方領土不法占拠』にロシア反発」２０２２年４月22日 時事通信

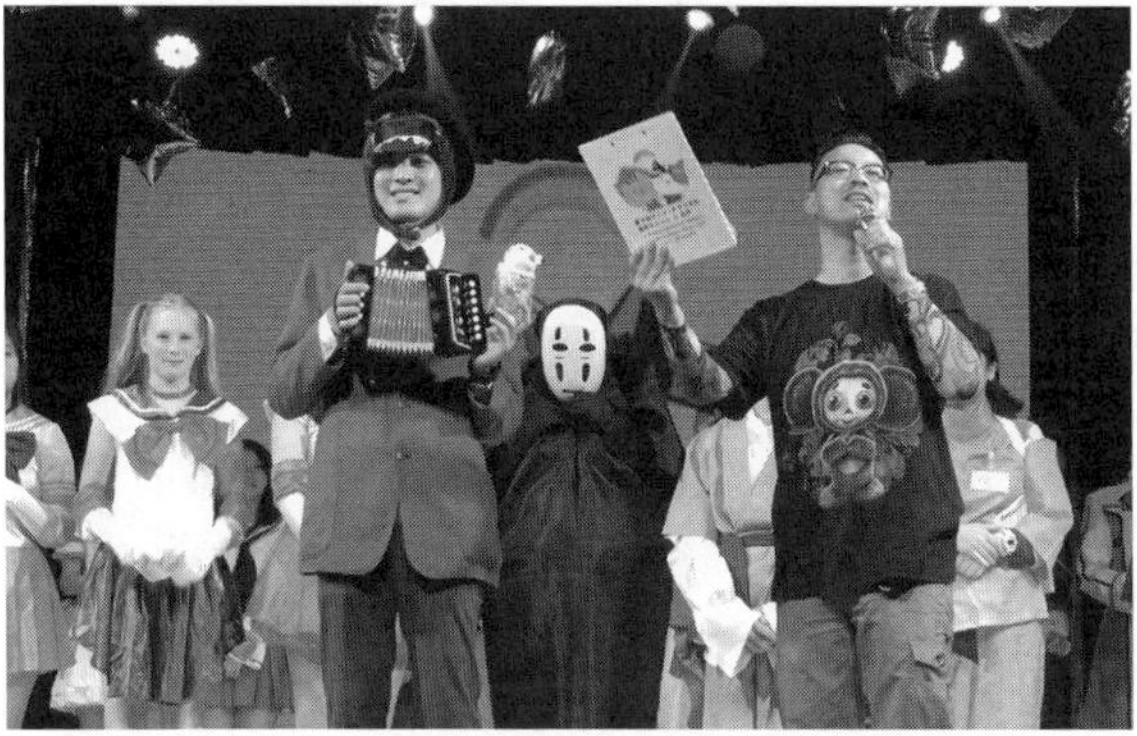

「第4回アニメ・オタク文化青年サミットin色丹」のステージ

イベントの名称は「アニメ・オタク文化青年サミット in 北方領土」で、コスプレ大会やアニソンライブをしていました。島のロシア系住民、特に子供たちには大好評でした。ただ、一番緊迫したのは、2019年に色丹島で行われた漫画家で歌手でもある富澤きららさんのライブで「日本・色丹」とコールをしたところ、ロシア側には「日本の色丹」と聞こえたらしく、司会者である僕のところにすぐに止めさせるように抗議がありました。「ライブ中なので無理」と答えたのですが、何度も言われたので、最後は生まれて初めて口にするロシア語の侮辱語を叫びながら逆ギレするとひるんでその場はなんとか収まりました。文化交流は時に命懸けです。

④ イギリスで気づかされた「核戦争」という言葉のリアリティ

イギリスの大学に在籍していたときに同僚の家庭に夕食に招かれ、そこの息子さんが「日本人に会ったらぜひ一つ聞きたいことがあった。北朝鮮から何度も弾道ミサイル実験があるのに毎日安心して眠れるのはどうしてですか？」と言われました。回答に窮しましたが、核抑止力の下、核兵器が使われることはないと思い込んでいたことに気づかされました。２０２２年2月24日まで「核兵器の使用」とか「核戦争」という言葉のリアリティを感じていた人はほとんどいなかったのではないかと思われますが（少なくとも僕はそうでした）、それが現実世界に起こりうる可能性を意識することになりました。戦術核の限定使用だったとしても一度でも使われてしまうと世界は一変してしまい、我々日本人も弾道ミサイル発射のニュースを聞くたびに安心して眠っていられなくなるかもしれません。そんな世界にさせないために今我々に何ができるのか日々自問しています。

コメント記事：「情報ＢＯＸ：ロシア核兵器、指揮系統と発射要件は」２０２２年4月24日ロイター

２０２２年、そして2月24日は、世界史の中でも、重要な日として記憶されるのは間違いありません。

大学教員としては、近い将来に間違いなく入試問題にもロシアのウクライナ侵略に関係する問題が出ると予想します。冷戦が終わり、抑止力という役割以外に大国の核兵器による他国への威嚇はほぼなくなりました。

一方、北朝鮮からは年中、弾道ミサイルなどが日本に向けて飛んでくる事実に、慣れてしまったか、また目を背けてしまっていたのかもしれません。日本政府により防衛３文書も改定され、反撃能力の保有方針も閣議決定されました。長らく続いた日本の「平和な時代」は２０２２年で終わってしまったのでしょうか。

⑤「昭和天皇とヒトラーを同列」とした表現に関するウクライナ大使館の対応

日本人としては看過できない事案ですが、4月1日公開の動画が23日晩からTwitterを中心に広がり翌24日にかけて拡散されました。僕の知る限り、ウクライナ大使館が把握したのは24日夜です。24日は正教圏ではイースター（大復活祭）で、日本で言えばお正月とお盆を併せた大切な休日でしたが、大使館、ウクライナ本国ともに休日返上で、しかも戦時下ながら迅速な対応をしたことをまずは評価したく思います。歴史認識の問題は我々日本人でも詳しくない方やご関心のない人も少なからずいる中で、さらに理解が乏しい海外に向けて、理解を深めてもらうために発信していくことが大切だと改めて感じる事件でした。

コメント記事：「昭和天皇とヒトラー同列に　ウクライナ政府が謝罪」２０２２年４月25日

共同通信

在日ウクライナ大使館
@UKRinJPN

ーよもの海みなはらからと思ふ世になど波風のたちさわぐらむー

> **在日ウクライナ大使館** @UKRinJPN · 2022年4月25日
> 昭和天皇が常に、日本の、そして世界の平和を望まれていたことを我々ウクライナ人は存じ上げております。畏れ多いことではございますが、昭和天皇がお詠みになられた明治天皇御製の大御歌をここに記させていただく事でお詫びに代えさせていただければ幸いです。 twitter.com/UKRinJPN/statu...

午前10:04 · 2022年4月25日

1,264 件のリツイート　440 件の引用ツイート　4,138 件のいいね

ウクライナ大使館のTwitterでの謝罪ツイート

今回の戦争において日本に関係する、一番議論を巻き起こした事件だったかもしれません。

ウクライナ大使館の対応は非常に早かったのですが、Ｔｗｉｔｔｅｒの謝罪投稿は非常によく考えられていました。単独でも読めるように３つに分けての投稿で１つ目は日本人全般に対して、２つ目、３つ目は昭和天皇の和歌を引用して日本の保守層に向けたもので、連続ツイートながら独立して読めるものでした。このレベルの高い投稿を書いた「中の人」はいったい誰なのでしょうか……。

⑥ 防戦一方だった国に対して「感謝しろ」という感覚

湾岸戦争のときのクウェート政府が米紙に掲載した感謝広告に日本が入らなかったことを思い出した方もいるのかもしれませんが、この動画についてはそれとはまったく違うのではないでしょうか。まず「ウクライナ外務省のツイッターに投稿された」は、正確に言えば元の動画はウクライナ国防省作成でそれを宇外務省がリツイートしています。すなおに動画を見れば軍事支援を行った国への感謝としか見えない内容です。クウェートの感謝広告は戦争が終わった後の掲載で、戦時下の国のメッセージ発信に完璧性を求めるのはあまりに酷ではないでしょうか。この動画には兵器支援をしながらも国名が挙がってない国も複数ありますが、僕の知る限りその政府・国民とも反応がありません。下手すると世界中で「感謝を求めてくるのが日本文化」と曲解される危険すらあります。なお、ウクライナ政府の仕事は日本ほど細やかでないことは僕の経験からも付記させていただきます。

コメント記事：「自民議員　ウクライナ問題視『感謝』動画に日本の名前ない『外務省通じ対応する』」→賛否殺到」2022年4月27日　デイリースポーツ

ウクライナ外務省による「感謝動画」に日本が入っていなかったというこの話題。経済的にも衰退期に入りつつある日本、そして日本人は最近どうも「ジャパン・パッシング」に敏感なように感じます。クウェートの感謝広告は戦争終結後だったのでまだしも、戦時下で、この時期はまだ防戦一方だった国にまで「感謝しろ」というのは、さすがに何様だとならないでしょうか。

3月上旬には、条件付きで武器輸出を認める「防衛装備移転三原則」の運用指針が改正され、防弾チョッキやヘルメットなど非致死性装備は送られていますが、ウクライナが最も欲している兵器の支援は行われていません。

ちなみにこの三原則は法律ではなく外為法の運用指針にしかすぎず、憲法とも理念はともかく何の関係もありません。この時点で、政府・国会とも議論するいいチャンスを逃してしまったのは残念です。

⑦ ロシアが「支配下」としたヘルソンで起きた「政府ナンバー2」の事故死

２０１４年、クリミア、ドンバス地方でも同じことが起こりましたが、ロシア側にとって今回は勝手が違います。クリミアにはロシア国籍も持っていたアクショーノフがいました。地元ギャングからクリミア共和国議会議員にのし上がった彼はそれなりに政治経験もあり、リーダーの風格がありました。続く東ウクライナのドネツクでは、彼ほどの人物がおらず、ロシア発祥の出資金詐欺を行うＭＭＭという会社で働き、マイダン革命前後は無職だったプシリンが主導権を握りました。途中ザハルチェンコという比較的優れたリーダーもいたのですが２０１８年にカフェで爆殺されてしまいます。言うことを聞かない彼が邪魔になりロシアにより暗殺された説も有力です。ロシアによるヘルソン占領以降、反露集会が週末に開催されていてロシア占領軍に協力するまともな人がおらず前科を持つ政治活動家が登用されたり汚職の噂の絶えない前議員を「州知事」等に任命しようとしています。

コメント記事：「ロシア軍、ヘルソン州全域を「支配下」　独立も画策か」２０２２年４月27日
毎日新聞

ロシアのハイブリッド戦争では「コラボレーター」つまり現地協力者がいい玉かどうかでその結果が大きく変わってきました。

アクショーノフは地元の顔役ということもあってか、なかなかのイケメンです。またドネツク人民共和国の指導者となったザハルチェンコはウクライナ人で僕の目から見ても「敵ながらあっぱれ」な人物だったのですが、2018年に行きつけのカフェで爆殺されます。その詳しい模様はすぐにロシア国営放送で放映されました。2022年11月9日には、ロシアが設置したヘルソン州「政府」のナンバー2、キリル・ストレモウソフが、ロシア軍撤退の混乱の中で交通事故死します。

ロシアではオリガルヒや前の政府高官の不審死も多発しており、出世も命懸けなのがよくわかります。

⑧　沿ドニエストル共和国の「ロシア軍」の実態

沿ドニエストル内務省によるとウクライナからドローン攻撃を受けたとの「発表」なので飛来、ラジオ電波塔に続く偽旗作戦で沿ドニエストルをウクライナに対して参戦させるためのものと思われます。沿ドニエストル保安庁が爆破されるヤラセ感たっぷりの映像も公開されていて、やはり偽旗作戦感にあふれています。一方、２０１４年以降、ロシアから隔離されてしまったこともあり、同地の「ロシア軍」とみられる写真はどれを見ても、同共和国内で自作された感じの兵器ばかりで、また同軍兵士も現地から集めている可能性が高く実態があるとも思えません。とはいうものの、ウクライナにとっては心理的な圧力になるだろうし、なにより不気味な動きであるのは間違いありません。

コメント記事：「ウクライナから無人機侵入と主張　モルドバ東部の親ロ派支配地域」２０２２年４月27日　ＡＦＰ＝時事

この戦争が始まって、ウクライナが懸念したことの一つは、北からベラルーシ、そして西から未承認国家である沿ドニエストル共和国から攻撃され、3正面作戦になることでした。

一方、両者とも、思惑の違いから、時にロシアに対してサボタージュをしてまで、なんとか参戦を避けてきました。

僕が会長を務めるウクライナ研究会の古参会員である藤森信吉先生は、日本で有数の「沿ドニエストル研究」の第一人者です。Ｔｗｉｔｔｅｒもされていて、知られざる情報満載なので一度覗いてみてください。

⑨ ロシア報道機関所属の日本人記者のスタンス

今のロシア社会の描写としてはかなり正確な内容です。僕はウクライナ交流がメインですが、日露交流にも携わってきました。２月24日以降、僕がメディアで発信している内容を見てロシアの複数の友人・知人から「なぜウクライナのナチストの味方をするのか？」に始まり「恥を知れ！」的なメッセージが多々送られてきました。悲しくなり「なぜナチスだと思うのか教えて」と返事すると決まってＹｏｕＴｕｂｅにアップされたプロパガンダ動画が送られてきました。彼は普段は極端なところは全くない「普通の人々」です。ただ一言で言えば今は「悲しいけどこれ戦争なのよね」。普通の人々を愛国者に変え「非友好国」民の言う事に聞く耳を持たないことも普通のことなのかもしれません。早く戦争が終わって普通に意見が交わせる日が来ることを願います。なお日本のＴＶが匿名にしようとしたのは露国営放送記者という事を出したくなかっただけで特に意図はないと思います

コメント記事：「在モスクワの日本人もびっくり、実態とかけ離れたロシア報道」２０２２年４月28日　ＪＢｐｒｅｓｓ

ロシアのプロパガンダ機関とも揶揄されるスプートニクですが、その記者の徳山あすかさんと知り合ったのは、6、7年前のこと。確か僕の研究室でお会いしたのが初めてで、その後もモスクワなどで何度もお目にかかりました。

この戦争が始まり、現地にいる徳山さんと意見交換をしようという話になったのですが、ロシアでSNSが規制強化され、西側アプリを使ったお互いの通信方法が一時無くなりました。唯一の手段がロシアのSNSアプリ「フコンタクチェ」のテレビ電話機能です。繋げてみて、「盗聴の恐れはないか」と聞いたところ、「これしか手段がないんで仕方ない」とのお返事。

彼女のスタンスは「会社（上司）からやるなと言われること以外は別に何をやっても自由」で、ご自分の発信で「ロシアのプロパガンダを含めて、無料で日本語で読めるのは有益じゃないか」。たしかに一理あると思いました。

⑩ プーチン得意の「訪問中攻撃」と「6メートルテーブル」

グテーレス事務総長とプーチン大統領の会談では久々に6メートルのイタリア製のテーブルが登場しました。直前の北京五輪メダリストへの勲章授与式では体が引っ付くほどの距離でした。これはコロナ対策でもなんでもなく、まさに敵と味方を明確に区別している象徴的な距離です。きっと今、岸田首相がプーチンと会ったら「非友好国」のリーダーとして扱われ同じテーブルに座らされるでしょう。

一方、ブリンケン米国務長官、オースティン米国防長官が訪問した直後には、リビウなど、西部や中部の駅5か所あまりがミサイルなどで攻撃を受けました。そして今回はグテーレス訪問中にミサイルが首都に打ち込まれています。「脅し」がお得意のプーチンらしいやり方ですが、そんな脅しを真に受けて、ウクライナ支援を控える国のリーダーがいるはずもないでしょう。そんな判断もつかない、あるいは考える間もないほど、今のロシアの指導部には余裕がないのかもしれません。

コメント記事：「ロシア軍がキーウ攻撃　国連総長の訪問中、10人負傷」２０２２年4月29日

プーチンと仏・マクロン大統領会談時に使用された「6メートルテーブル」（写真：アフロ）

AFP＝時事

戦争が始まって1年近くが経とうとしていますが、当初見られた「プーチンの6メートルのテーブル」をすっかり見なくなりました。コロナ対策とも言われましたが、同時期の航空各社のCAとのお食事会では隣に座っており、明らかに暗殺や不測の事態に備えていたことがわかります。

4月から5月にかけて、ロシアの巡航ミサイルによる都市・インフラ攻撃は、冬季に入ってからのものに比べまだ遠慮気味でした。現在では無差別攻撃に近くなっており、ロシア側の焦りがにじみ出ています。

⑪ ネットに流れる「妄想の歴史観」

元のロシスカヤ・ガゼータのインタビューを読みましたが頭がクラクラする内容です。最後は「インターネットは…政治化された偽情報の可能性があるため、教育のデジタル化だけには頼れず「精神的な資質の発達…適切に包括的に教育され、肉体的および道徳的に健康」であるべきと締めくくられています。ウクライナという国は実は存在せず中央部の小さな地域のみ、キーウを含む北部はロシア帝国から、東南部はロシア革命の結果、西部は第二次大戦がはじまった際ポーランドから、そしてクリミアはフルシチョフの時代に引っ付けられた人工国家であるという主張がロシアの保守層や一部歴史家からなされる事が多いです。クリミアは元々タタール人が住んでいたし、他の地域もウクライナ人が多いので今の国境線が定まっていることなど全く無視した「妄想の歴史観」です。ただプーチン大統領はこの「妄想の歴史観」を掲げて戦争を始めたので、なかなか終わりが見えません。

コメント記事：「ウクライナ分裂の可能性　ロシア安保会議書記」２０２２年４月27日　共同通信

ネット上で流布されている「妄想のウクライナ地図」

コメント先の記事でインタビューに答えているニコライ・パトルシェフはいわゆる治安機関出身のシロヴィキ（タカ派）で、大統領直属機関のロシア連邦安全保障会議書記であるとともに上級大将であり、ロシア連邦英雄の称号も授与されています。パトルシェフ自身は１９７５年にＫＧＢ（国家保安委員会）に入り、ソ連崩壊後はロシアの治安機関を渡り歩き、２００８年に同会議の書記の地位に就きます。長男のドミトリーは現在農業大臣を務め、プーチンの後継者とささやかれることもあります。

⑫ ロシアの行いは戦争ではなくテロである

ロシアにとってはそもそもこれは「特別軍事作戦」で戦争ではないという体なので、侵攻当初は軍司令官は置かれず、それぞれの部隊が独立して行動した結果、ウクライナ軍に各個撃破されていきました。２月26日のキーウ近郊のヴァシリキーウ空港では無謀な強襲作戦を行いロシアのＩＬ76輸送機が撃墜され２００人以上の精鋭の空挺隊員が戦死したと言われています。ウクライナは幹線道路が整備されているのを活用したつもりが待ち伏せ攻撃に遭い、携帯式対戦車ミサイルで戦闘車両が撃破されていく様子もウクライナ軍関係のＳＮＳで公開されました。最近は、ウクライナ側のドローンが爆弾を小規模部隊に投下する様子を撮影した動画も多々見受けられます。20世紀型の戦争を続行するロシアとサイバー戦争も含め21世紀型の戦争を試行するウクライナの戦いですが、ロシアには最終的には生物化学兵器や核兵器という手段があるのはやはり気がかりです。

コメント記事：「ロシア軍は『補給部隊と離れないよう慎重に進軍』…米は『軍事作戦遅れている』と分析」２０２２年４月30日　読売新聞オンライン

2022年4月、ウクライナを訪問したポーランドのドゥダ大統領（写真左）。右はゼレンスキー大統領（写真：ロイター／アフロ）

２０２２年４月、バルト３国のエストニア、ラトビア、リトアニアの大統領とともに、キーウを訪問したポーランドのアンジェイ・ドゥダ大統領は次のように述べています。「これは戦争ではありません。これはテロです。誰かが飛行機や兵士を派遣して住宅地を爆撃し、民間人を殺害したとしたら、それは戦争ではありません。それは残虐行為であり、盗賊行為であり、そしてテロです」

これ以上、そしてこれ以下の説明はなく、まったくその通りだと思います。

⑬ 米ロ大統領が互いに冗談を言い合っていた時代

２０１７年にエカチェリンブルク市にあるエリツィン大統領記念館に行きました。同政権下の１９９７年に１学期＋夏休みをモスクワ大で学び大混乱のロシアを目の当たりにし苦労した身としては、ここに行くまで彼にはいい印象がありませんでした。ただ、ここで彼の人生の歩みを辿り、出口に掲げられた人びとが「自由」と叫ぶ大きな壁画を見たとき、抑圧的な体制を崩壊させた彼の比類なき功績を実感しました。２０１５年の同記念館の落成式でプーチン大統領は「エリツィン時代は大きな成果と過ちが混在する矛盾」があったと述べています。エリツィンが自由をもたらさなければＫＧＢの幹部の一人で一生を終えたかもしれないプーチンは、皮肉にもソ連崩壊の結果、大統領にまで上り詰めました。プーチンは彼の言うエリツィンの「過ち」をいま正そうとしています。ソ連と同じく抑圧と戦争に加え、クリントンが危惧した「過激なナショナリズムが復活」させることよって。

コメント記事：「ビル・クリントン『ＮＡＴＯの拡大が戦争を招いたと批判されても、私は正しかったと今でも思う』」２０２２年５月１日　クーリエ・ジャポン

1997年、クリントン大統領とエリツィン大統領（写真：ロイター／アフロ）

米ロ首脳の間で、のちに結ばれた包括的核実験禁止条約（CTBT）に向けた交渉が続く中、1995年10月23日、ニューヨークのハイドパークでの会談を、各国メディアが「災害的な結果となる」と報じたのに対して、エリツィン大統領は「君らこそ大災害だ」と言い放ちクリントン大統領が大爆笑しました。また「我々は友達だ」とも言いました。米ロの首脳がまたこうやって冗談を言い合いながら、きわどい外交の駆け引きができる日がいつか来るのでしょうか。

⑭ 1979年以降のロシア軍の戦死者数

ロシアの本当の戦死者はどれぐらいでしょうか。4月25日のウォレス英国防相の発言によれば1万5000名です。4月22日のウクライナメディアの報道ですが、ロシア系メディアが誤ってテレグラムで公開したとされる戦死者数は約1万3400名が戦死、7000名が行方不明だったそうです（そのメディアはハッキングされたと釈明していますが）。ウクライナ北東部のイジューム近郊では電子戦を指揮するアンドレイ・シモノフ少将の戦死が報じられました。将官の戦死は9人目で、この戦争が、後世「将軍の墓場」と名付けられるのは間違いありません。露国防省傘下の軍隊式青少年団の17・18歳の団員のウクライナ派遣の可能性も報じられています。ロシアの地下鉄などでも兵士募集広告も目立ち始めたと言われています。英国防相が指摘するとおり5月9日に宣戦布告となれば、動員がさらに進む可能性がありますが、その行き先はこの「無意味な戦争」です。

コメント記事：「ゼレンスキー大統領『ロシアはこの〝無意味な戦争〟で2万3000人以上の兵士を失った』」2022年5月1日 テレ朝news

２０２２年9月の「部分動員」という言葉がまだ聞かれなかったこの頃、ウクライナ側の発表を含めると10名近い将官が戦死しました。

１９７９年から１９８９年のアフガニスタン紛争では約１万５０００名のソ連兵が戦死しました。将官の戦死は10年間で5名（病死含む）と言われています。第一次チェチェン紛争（１９９４年〜１９９６年）ではロシア連邦軍などの約５７００名、将官は２名が戦死、第二次チェチェン紛争（１９９９年〜２００９年）では約７５００名、将官は14名が戦死しています。

ソ連のアフガニスタン侵攻は、財政的にも、そして帰還兵が麻薬を覚えたり、ＰＴＳＤを抱えるなど社会問題化し、ソ連崩壊の遠因となりました。今回の戦争はロシア社会にどのような影響を与えるでしょうか。

⑮　ロシア属領化のカギを握る「現地協力者」の存在

ウクライナ人公務員が露占領軍に拉致され「再教育」されて洗脳された人だけが復職しているとも言われていますが、ロシアのいわば「属領化」するには露テレビへの切替、露→宇への通貨の切替にくわえコラボレーター（現地人協力者、裏切者）の存在が重要になってきます。占領当初、ロシア当局はなかなか現地でいい協力者を見つけられなかったと言われています。まず「知事（正確には行政長）」にはヴォロディーミル・サリドが「任命」されました。サリドはロシアに近い立場の旧地域党所属、2002年から2012年まで3期ヘルソン市長を務め、その後、最高会議（国会）議員、2014年に落選し再度2015年に同市長選に挑みますが次点で落選、政治的には「終わった人」。ただウクライナ政局マニア的に見れば「思ったよりいい玉が見つかったな」と感じます。サリドからすれば（正式な）市長職→（偽の）知事職と「格上げで政界復帰」なのかもしれません。

コメント記事：「ロシアの実効支配進むヘルソン州　TV番組規制、通貨も変更か」2022年5月1日　毎日新聞

前述しましたが、ロシアのハイブリッド戦争の成否は、現地協力者（コラボレーター）の質で変わってきました。

クリミアの強制併合の際、ロシアに協力したのは元ギャングでウクライナ内のクリミア議会議員だったアクショーノフでした。地元の顔役で政治経験もある彼が協力したから併合は比較的スムーズに進みました。次の東ウクライナのドネツクでロシアに協力したのは元ねずみ講の胴元プシーリンでした。今回の戦争ではさらに協力者が見つからず、汚職疑惑で政界を半ば引退していたサリドや、自称ブロガーのストレモウソフなど経歴も怪しい人物に頼らざるをえませんでした。なおストレモウソフはヘルソンからロシア軍が撤退する際に謎の死を遂げています。

⑯ 今回の戦争で「男を下げた」人物

軍服姿のショイグ国防相を見る事が多いかと思いますが1994年から2012年まで非常事態相を務め若くて最も国民的人気のある政治家でした。同省自体は軍隊式の階級制度を持つ組織ですが国防相就任の際に軍の上級大将の階級を付与されました。ロシア軍の近代化に貢献はしましたが元々軍人ではありません。その近代化したはずの軍が今回のウクライナ侵略では思ったように機能しませんでした。ショイグ国防相とほぼ同時に参謀総長になったゲラシモフはどうでしょうか。元々は戦車兵だった彼は正規・非正規戦などを組み合わせたハイブリッド戦争を唱えたとされることが多いです。クリミアでは上手くいったハイブリッド戦争ですが、東ウクライナでの成果はイマイチ、今回のウクライナ戦争では情報戦でウクライナ側に圧倒されていることがこのニュースからも窺えます。皮肉にも彼の軍人の出発点である戦車同士が激突する旧来型の戦争が繰り広げられています。

コメント記事：「ロシア軍参謀総長が標的、ウクライナ軍が最前線に集中攻撃か…司令官ら200人死亡」 2022年5月2日 読売新聞オンライン

「ロシア連邦英雄」ショイグと「ゲラシモフ・ドクトリン」で知られ優れた戦略家と称されたゲラシモフほど、今回の戦争で男を下げた人物はロシアにいないかもしれません。２０１４年の東ウクライナ紛争に介入し自称ドネツク人民共和国国防相を務めた極右活動家イーゴリ・ギルキン（別名ストレルコフ）や、プーチンの料理人エフゲニー・プリゴージン、チェチェンの軍閥ラムザン・カディーロフなど、本来は軍事に素人といってもいい人物から無能呼ばわりされてさんざんでした。

そういった批判に対する彼らの反発は、２０２３年１月頃の「ひげ論争」につながります。

⑰「強制収容所」で思い出される日本人とウクライナ人の共闘

10年以上前、キーウの国境警備隊博物館から招待され、その歓迎会の乾杯の際「我々ウクライナ人と日本人はシベリアの収容所でソ連当局に対して共に闘った同志だ」との挨拶がありました。帰国後、調べても分からなかったのですが最近史料を発見し、1953年のノリリスク蜂起の事だと知りました。独立運動をした何万というウクライナ人は戦後、大気汚染が酷く、またウクライナから遠く離れた北極圏のノリリスクの収容所に送られます。そこには女性3名を含む日本人100名前後が長期抑留されていました。スターリンの死をきっかけに「自由か死か」をスローガンに立ち上がったウクライナ人に一部の日本人は死を覚悟して協力しました。あるウクライナ人収容者の手記には「私は（日本人との）このエピソードを一生忘れない」と記しています。この蜂起をきっかけにソ連の矯正収容所は廃止へ向かいます。過去の悲劇を繰り返させないためにも今こそ声を上げる時です

コメント記事：「マリウポリ周辺に強制収容所か　米大使、住民連行と懸念」２０２２年5月3日　共同通信

一説には、第二次世界大戦後のソ連の政治犯の7割はウクライナ人だったと言われています。ウクライナ民族主義者組織ＯＵＮなどに属して独立運動をしていた彼らの多くが、祖国から遠く離れ、大気汚染の激しい工業都市ノリリスクに送られました。

収容所の街としても知られるノリリスクですが、そこには最大３００名近い日本人が、そして１９５３年には少なくとも30名の日本人が収容されていました。２名は医師で３名の女性もいました。

収容所の待遇改善に端を発した「ノリリスク蜂起」の際、ウクライナ人らと闘った日本人の名は「マイオール・コンドー」（近藤少佐）です。ただ、この日本人が誰であったのかはまだわかっていません。

⑱ 筆者が「ロシア入国禁止リスト」入り

62番です。本人が書くのもどうかと思ったのですがご質問もあったので書きます。まず「制裁リスト」に入ったら何らかの連絡が来るのかというご質問へのお答えですが、ありません。今日はお休みで夕方のラジオのリモート出演の前に子供を連れて『名探偵コナン・ハロウィンの花嫁』を見に行きました。携帯の電源を2時間ほど切っていたのですが見終わって電源を入れると多数の着信とメッセージが来ていて、それで知りました。次にリストですが、22番コクボ→國場コクバ、45番オノ・ヒラヒコ→小野日子オノ・ヒカリコ、46番イイヅカ・ヒロヒト→飯塚浩彦イイヅカ・ヒロヒコの誤りで仕事の粗さが目立ちます。文春編集長はラブロフ外相愛人報道、二宮氏は北京五輪のロシアのドーピング問題へのコメントのためでしょうか。ちなみに僕は日ロ協会常任理事、日露大学協会人材交流委員会委員です。交流への貢献大だと思いますがそんな事も知らないのでしょうか。

コメント記事：「日本人63人の入国禁止　岸田首相や報道幹部ら対象―ロシア」２０２２年５月４日　時事通信

58.	ХАКАМАДА Сигэки	Член Совета по вопросам безопасности (Ампокэн), приглашенный профессор университетов Аояма и Ниигата
59.	КАМИЯ Матакэ	Профессор Национальной академии обороны
60.	САКУРАДА Дзюн	Профессор университета Тоё гакуэн
61.	СУДЗУКИ Кадзуто	Профессор Токийского университета
62.	ОКАБЭ Ёсихико	Профессор университета Кобэ гакуин, руководитель общества изучения Украины
63.	НАКАМУРА Ицуро	Профессор Университета Цукуба

ロシア外務省が発表した日本人の「入国禁止リスト」。62番目に筆者の名前が入っている。

２０２２年５月４日にロシア外務省が発表したのは「ロシア連邦への日本政府の政策に対する報復措置に関してのロシア外務省声明」です。62番目に僕の名前がありました。

実は、この頃はわからなかったのですが、とある筋から僕がロシア入国禁止リストに入った本当の理由を間接的に聞くことができました。テレビによく出ていたことだけではなく、ある程度は納得のできる理由でした。その意味ではロシア当局側には彼らなりの理屈があることも感じました。

⑲　今井絵理子氏が「入国禁止リスト」入りした理由

同リスト31番、62番でちょうど倍数でご一緒となった今井絵理子さんとは少しご縁があります。僕は2017年に北方領土の国後島を訪問団長として訪れました。2015年にモスクワ大学で「日露アニメ・オタク文化学生サミット」、2016年に神戸で「第2回日露アニメ・オタク文化学生サミット」を開催したのに続き「第3回アニメ・オタク文化青年サミットin国後」を実施するためです。参議院沖縄・北方問題に関する特別委員会ご所属だった今井さんは、このビザなし交流へのご参加を検討されていて国会内の食堂で事前にお話しさせていただきました。タレント議員の先入観があったのですが、ご自分で北方領土に関する多数の資料もお持ちで非常にお勉強されており感銘を受けました。今では同委員会理事として北方領土問題にも取り組まれています。近くはないかもしれませんが、いつかの日かまた再び北方領土の地を踏むことができればと願っています。

コメント記事：「ロシア出禁　今井絵理子議員がリスト入り　安倍元首相は記載なし　ネット『？』」
2022年5月4日　デイリースポーツ

ロシアは日本との領土問題の存在は認めているものの、「北方領土」という名称はNGワードです。

ロシアの入国禁止リストには、今井絵理子さんだけではなく、衆参の「北方」と名の付く委員会の所属議員のほとんどが入っています。また、「北方領土問題等解決促進特別措置法」が改正されるたびに、どんな小さな改正であっても、法案名に「北方領土」があるのでロシア政府は毎回日本に抗議してきます。

なお、同委員会所属でロシアとの関係の深い鈴木宗男さんはもちろん選ばれていません。

⑳ 有数の「高齢化地域」だったドンバス地方

「編入」はクリミア方式で、一言でいうとロシア化してしまうことで、財政的な負担は当然ロシア側です。ドネツク・ルガンスクの「人民共和国」方式はあくまでもロシアに近いがロシアではないので財政負担は独自、またはウクライナ側という体になります。いずれにせよ非合法の住民投票などが裏付けとなりますが、クリミアでは一応、地方議会で手続きが執られましたが、東部2州ではあやふやな手続きが進み正当性がやや揺らぎます。今回のヘルソンは、ロシア軍による占領後、ウクライナ人の大規模抗議デモが頻発し、住民投票すらできそうにありません。そこで、この編入提案は、ドネツク生まれのキリル・ストレモウソフという自称「ヘルソン軍民政府副長官」からなされました。職を転々としてきた自称ジャーナリストですが今まで選挙に出ては一度も当選したことがないトンデモ系の政治活動家として現地で認識されています。ロシア側の反応はまだ分かりません。

コメント記事：「ヘルソン州の親ロシア派〝ロシア編入〟プーチン大統領に求める方針」2022年5月12日　日テレNEWS

あまり知られていませんが、東ウクライナのドンバス地方はウクライナ有数の高齢化地域でした。

２０１４年に素早くクリミアを強制併合したロシアですが、東ウクライナをそうしなかった大きな理由の一つです。ミンスク諸合意の主眼がウクライナの「連邦化」に置かれた理由でもあります。

ウクライナ国内に、中央政府の意向が及ばないロシア寄りの地域を作り、年金などの財政負担はウクライナに押し付けようとしました。ただ今回の戦争で、領土的野心からウクライナ占領地域の「併合」を宣言した結果、その財政負担はロシアが被ることになります。果たして大丈夫でしょうか。

㉑「東郷ビール伝説」を生んだフィンランド独立の歴史

記事にもある1939年にソ連の侵攻で始まった「冬戦争」だけではなくそれに続く1941年から44年までの「継続戦争」を戦い抜いてフィンランドを守り切ったカール・グスタフ・マンネルヘイム元帥はフィンランドで最も偉大な人物とされています。その彼の軍歴はロシア帝国軍将校が始まりでした。日露戦争にも従軍し、奉天会戦で軍功を挙げますが、その時の司令官がウクライナ人パーヴェル・ミシチェンコでした。ロシア軍はまさに民族のるつぼだったのです。独立したフィンランドの軍司令官となったマンネルヘイムは中立を保てなかったもののナチス・ドイツから武器援助を受けつつも同盟を結ばないことに成功します。ソ連に対して可能な限り抵抗し大損害を与えたことと、大国ドイツの同調圧力にも流されずに毅然とした態度をとったことも、制限された状況の中でも戦後のフィンランドが繁栄した一因と言えるでしょう。

コメント記事：「『世界で最も幸せな国』は対ロシア最前線へ…歴史的転換を主導する36才・マリン首相の決断」２０２２年５月19日　ＦＮＮプライムオンライン

カール・グスタフ・マンネルヘイム（右）とパーヴェル・ミシチェンコ（左）

かつて「東郷ビール」というのがあったのはご存じでしょうか。フィンランドの醸造所が販売した「アミラーリ（提督）」は歴史上の海軍提督24名がラベルのデザインとなっていました。ロシアを破った東郷平八郎がフィンランドで人気があると説明されることもありましたが、ロシアの提督や山本五十六のラベルもあるので全く根拠はありません。

ただ、そのような「都市伝説」が生まれる背景にはフィンランドが独立を守った長い「闘い」の歴史があるのかもしれませんね。

㉒日本が制裁対象としたロシア人

政治トーク番組『60分間』はクレムリンのプロパガンディストとも言うべき、ジャーナリストで与党議員エフゲニー・ポポフとその妻オリガ・スカベーエワが司会を務める人気番組です。ホダリョノク元大佐は同番組の準レギュラーで今回の戦争が始まってからも同番組に出演しています。主に西側の武器支援をどれだけウクライナが受けているかみたいな事を言っていました。放送でこの発言があったとき、右側のワイプに彼、左側には欧米からウクライナに提供された個人携帯型対戦車ロケット砲の映像が流れていたので同じような発言が台本にあったのではないかと思います。スカベエーワがなかなか発言を遮れず戸惑っているように見えました。単なる不規則発言の放送事故だったのか、何か考えあっての発言だったのかは、彼は准レギュラーなので、今後の出演状況でわかるのではないでしょうか。なお同番組は攻め系の姿勢なので過去にも何度か放送事故を起こしています。

コメント記事：「ついにロシア国営TV『わが軍は苦戦』、プロパガンダ信じた国民が受けた衝撃」
2022年5月19日　ニューズウィーク日本版

２０２２年３月７日に日本政府が発表した「ウクライナ情勢に関する外国為替及び外国貿易法に基づく措置について」によって、ロシアの20個人と２団体に資産凍結などの措置が講じられました。

制裁対象者にはロシア国営放送などで司会を担当する著名ジャーナリストのウラジーミル・ソロヴィヨフが入りました。この番組の司会をするオリガ・スカベーエワも、２０２２年３月15日に英国、７月８日以降はカナダが「偽情報とプロパガンダのロシアの人物」として制裁を受けました。また、スイス、ウクライナ、オーストラリアの制裁下にあります。

もしプーチン体制が変わったら、彼らはどうなるのでしょうか。案外、ゾンビのように生き残るのかもしれません。

㉓「SWIFTからの排除」に効果はあったのか

これはエネルギーを武器とした国家間の紛争というよりは、冷静に見る必要がある事案で、一言でいうと「支払い紛争」です。ガスプロムは「ガスムとの供給契約に基づくフィンランドへの天然ガス供給は遮断された」と言っています。当然ですが、これまでのヨーロッパの供給契約はユーロまたはドル建てです。戦争による経済制裁の一環で国際決済網SWIFTからロシアの多くの銀行を排除した結果、ロシアは、各国にルーブル払いを要求していました。それに応じなかったブルガリアとポーランドへのガス販売を4月末に停止しています。フィンランドのエネルギー消費のうち天然ガスは約8%、ほとんどがロシアからの輸入でしたが米エネルギー会社エクセラレート・エナジーと液化天然ガス（LNG）貯蔵・再ガス化設備の10年間リース契約を締結したことも発表されているので、フィンランド側としては中長期的なガス確保のメドはついていると言えます。

コメント記事：「ロシア、フィンランドへのガス供給停止」2022年5月21日　AFP＝時事発動前は「金融版の核兵器」と鳴り物入りのように言われた国際銀行間の送金や決済ネットワークSWIFTからのロシアの主要金融機関を排除ですが、いざ実行されると、表面上大した影響がないようにも見えます。また、ロシア政府に近い一部金融機関が対象で、すべてが排除されたわけでもありません。くわえて、ロシアと中国・インドとの取引では人民元建て、ルピー建てで取引が行われるなど、かえってドルの国際通貨としての地位を下げた結果にも見えなくもないです。

一方、フィンランドのガスムはロシアからの天然ガスへのロシア通貨ルーブル建てでの支払いを拒否し、同政府も新たなエネルギー源として水素プロジェクト加速に向け投資拡大を発表しています。

㉔ プルシェンコをはじめとする戦争を賛美したアスリート

プルシェンコはその名のとおりウクライナ系で父親はドネツク出身のウクライナ人です。ロシア内の少数民族はロシア愛国主義に走りやすい傾向があるとの研究もあり、彼がやたらと「私はロシア人だ」と発信する背景です。ロシア連邦軍上級中尉でもあり、サンクトペテルブルクの地方議会議員であった事から、ただのフィギュアスケーターではありません。先日僕はウクライナのメディアから取材を受けた際「一律のロシア文化のボイコットは必ずしも必要ではない。ただロシアとロシア政府がロシア文化を利用してウクライナを攻撃する場合は、ボイコットが必要」と答えました。残念ながらプルシェンコはウクライナによる「ジェノサイドをやめろ！　ファシズムをやめろ！」とも言っていて、完全なクレムリンのプロパガンディストといってもいい存在です。政治と文化・スポーツは別だと思いますが、スポーツを政治イベントにしている彼に言われる筋合いは全くありません。

コメント記事：「プルシェンコ氏の妻が日本批判を展開『夫だけでなく息子もポスターから削除された』」２０２２年５月21日　東スポｗｅｂ

プルシェンコは論外ですが、2022年3月18日、モスクワのルジニキ・スタジアムで開催された「クリミア併合8周年記念コンサート」では、東京五輪の競泳2冠のエフゲニー・リロフ、北京五輪の男子クロスカントリー3冠アレクサンデル・ボルシュノフ、アイスダンスのシニツィナ&カツァラポフ、ペアのタラソワ&モロゾフ、新体操のアヴェリナ姉妹らが「Z」マークをユニフォームにつけて壇上に上がりました。

スポーツや文化は別じゃないかとの意見もありますが、この戦争の結果がどうあれ、そして理由はどうあれ、彼らは「戦争を賛美したアスリート」として記憶されるべきでしょう。

㉕ ウクライナ在住の日本人が撮った「侵攻前」

発刊したとき、日本でウクライナについてこれほど美しい本があるだろうかと思うと同時に、旅行書としても、ウクライナを知らない日本人に向けた歴史や文化紹介としても、これ以上の本はないと思いました。

2月24日、戦争が始まって以降は、この本のページをめくることは前にも増して増えましたが、そのたびに思うのは、ここに写っているウクライナの景色のいくつかはもう存在していない、もしかするとロシアによって奪われる町や場所もあるのかもしれないということです。そう考えると涙なくしては見れない本であるとともに、貴重なウクライナの光景を著者自身が撮影した歴史に残る1冊だと思います。

この本に載るウクライナの姿が一日でも早く取り戻せるように願うとともに、関心を持ち続け、声をあげていきたいと改めて心に誓いました。

コメント記事：「ロシア侵攻前の「美しきウクライナ」在住日本人が撮った貴重な写真を一挙公開」 2022年5月21日 ＳｍａｒｔＦＬＡＳＨ

平野高志さんと。2019年9月12日　キーウにて

元記事の写真を撮影した現地在住の平野高志さんと初めて出会ったのは2015年。ウクライナ外務省付属外交アカデミーで行われた国際会議で、当時、駐宇日本大使館員であった平野さんをウクライナ人の知人から紹介されました。大使館での任期を終えられて、ウクライナ国営通信社ウクルインフォルムにご勤務になり日本語版の記者兼編集者となられました。芯の強い、そして優しい眼差しでウクライナを見つめ続ける平野さんが、戦時下のキーウに留まったことが日本のウクライナ報道やその理解に与えた影響は計り知れないと思います。

㉖ 2024年の大統領選が行われない可能性もある

実はウクライナで戒厳令が出されたのは今回が初めてではありません。2018年11月25日、ウクライナ軍艦船が黒海とアゾフ海を結ぶケルチ海峡でロシア側の攻撃を受け拿捕されたことに関連し同28日から出されました。ときのポロシェンコ大統領とウクライナ国家安全保障・国防会議は60日間の戒厳令を提案しましたが、翌年の大統領選挙への影響が懸念され最高会議でも異論が出たため30日間となりました。範囲も全土ではなく10地域のみでした。今回は2月24日に戒厳令を宣言しました。18~60歳の男性の出国が禁止されましたが、予備役の動員を始めたことが大きな理由で一般男性を戦地に送り込むためではありません。ただ同令に基づき3月20日、国内テレビ放送を1つのプラットフォームに統合する法令のほか、ロシア政府との関係が疑われる11の野党の活動を停止する法令に署名しています。この事からも今回の戦争の深刻さを物語っています。

コメント記事：「戒厳令を3カ月延長　ロシアの侵攻、長期化不可避か―ウクライナ」2022年5月23日　時事通信

今回の戦争は２０２２年２月24日に突然起こったわけではありません。２０１４年２月以降のクリミアの強制編入や東ウクライナにおけるロシアの秘密戦争が８年間続いてきました。

２０１８年に戒厳令が出た際に30日間となった理由は、憲法の規定で、戒厳令下では選挙ができないと規定されているからです。本来は、非常事態下での権力を制限するためですが、現状のままでは２０２４年４月に予定される大統領選挙、また最高会議選挙も実施できません。２０２３年は、ウクライナ国内の政局にとって、非常に難しい判断を迫られる年になります。

㉗ 戦争で失われる文化財と史料

世界遺産で国宝の姫路城が砲撃で炎上する場面を想像できますか？実は僕は戦争が始まってキーウ・ルーシ時代（12世紀〜）の教会・修道院群が残る古都チェルニヒウが包囲された時から文化財の被害が心配でした。でも戦争で失われる人の命の重さと比べて、あまりそれについては発言してきませんでした。生神女就寝スヴャトヒルシク大修道院は約400年前から存在します。動画で炎上するのは諸聖人修道院（1912年建立）、いかにもウクライナ正教会らしい木造教会堂です。複雑なウクライナの教会事情を簡単に言うとウクライナ正教会と、ロシアに近いウクライナ正教会モスクワ総主教庁系に分かれていました。しかし今回の戦争で後者はロシアとは決別し5月27日に「独立」しました。この修道院はロシア系だった後者に属しています。それすら燃やすロシアの蛮行には言葉もありません。露軍は相も変わらず「ウクライナ民族主義者の仕業」と公式発表しています

コメント記事：「ウクライナ東部の戦闘激化　〝ロシア軍が全戦力を投入〟」２０２２年6月4日
フジテレビ系（ＦＮＮ）

今回の戦争では、ウクライナの文化財に多数の被害が出ています。古都チェルニヒウでは、ソ連によるウクライナ人弾圧の貴重な史料を保管していたアーカイブも燃やされました。

キーウ北西のイワンキウ歴史郷土史博物館に所蔵されていたウクライナの画家マリア・プリマチェンコの絵画25点がロシア軍によって焼かれたといわれています。プリマチェンコの作品はピカソやシャガールも絶賛し、ウクライナの切手にもなっています。南部のヘルソン州立歴史博物館では、ロシア軍が撤退時に多くの収蔵品が略奪されています。

プーチンにとって、ウクライナのNATO加盟問題も「非ナチ化」も建前で、ウクライナ人の独自性と民族性を消し去りたいだけなのかもしれません。

㉘ 最初の「2+2」に参加した岸田総理の心境はいかに

ミレニアム前後に始まった日露防衛交流ですが、2006年には陸幕長が露地上軍総司令官とロシアで会談した時期もありました。海自と露海軍は1996年に護衛艦くらまが、露海軍創設300年祭参加のためウラジオストクを訪問し初めての日ロ共同訓練が行われ、毎年のように艦艇の相互訪問を行ってきました。1998年に始まった日露捜索・救難共同訓練は行われ令和元年まで続きます。2013年には第1回日露外務・防衛閣僚協議、いわゆる「2+2」が始まり、2019年に行われてコロナ禍を迎えます。第1回に出席した外相は現在の岸田総理で、相手はラブロフ外相とショイグ国防相です。日露蜜月とまでは言わないにしてもデタント（緊張緩和）は着実に進んでいました。2022年3月、ロシアは日本を「非友好国」に指定、一瞬にして築き上げた関係が崩壊したと言えるでしょう。最初の2+2に参加した岸田総理は今どのような気持ちでしょうか…

コメント記事：「観艦式、ロシアの招待取り消し　岸防衛相」2022年6月7日　産経新聞

2013年11月に開催された日露2プラス2。左からショイグ国防相、ラブロフ外相、岸田外相、小野寺防衛相。肩書は当時。写真：ロイター／アフロ

日露の防衛協力は現場レベルでは、どの程度深化していたのでしょうか。2008年3月、マスロフ露地上軍総司令官の大臣表敬、折木陸幕長と会談、4月には、齋藤統幕長が訪露しバルエフスキー参謀総長と会談しました。2017年12月にはゲラシモフ参謀総長が来日しました。2020年1月には、インド洋北西のアデン湾でロシア海軍との海賊対処共同訓練も実施しました。現場では着実に関係が深まっていましたが、今回戦争が始まってからは4月に北方領土での軍事演習、8月末には同地域で「ボストーク22」演習、10月の中露艦通過と前例のないほど緊張が高まっています。

㉙ 新たな「ミンスク合意」は結んではならない

忘れてはならないのは「停戦交渉（合意）」＝ウクライナの「条件降伏」となってはならないということです。2014年8月のイロヴァイスクの戦いで宇軍が包囲殲滅された結果、内容が複雑なミンスク議定書が結ばれ、2015年2月のデヴァルツェボの戦いで宇軍が敗退の結果、さらに難解なミンスク2合意が結ばれました。14、15年ともに実はロシア軍が主戦力の「親ロ派武装勢力」が宇軍に大打撃を与える形で結ばれた代物です。ウクライナ憲法までも改正をせざるを得ない厳しい内容を同国に飲ませた一人がドイツのシュタインマイアー外相（現大統領）です。今回も西側諸国が状況をすぐに終わらせたい、いや逃げたい一心で、また「ミンスク3」のようなものが結ばれるならば、一時的にはよくても必ず後世に禍根を残します。14、15年の2度の過ちを繰り返さないためにウクライナと支援国が協力するときですが、仏をはじめほころびも見え予断を許しません。

コメント記事：「ロシア、ウクライナに停戦交渉再開を要求」2022年6月8日　共同通信

「ウクライナがミンスク合意を守らなかったのがこの戦争の原因」と言う人がたまにいます。この「守る」とは何をイメージされているのでしょうか。

ウクライナは、ロシアと違って曲がりなりにも民主主義国家です。地方分権や連邦化を目指す場合は憲法の改正が必要で時間がかかります。ウクライナ最高会議では、ゆっくりながらミンスク合意が要求する「分権化」に関する法律が可決されました。

一方、ロシアは東ウクライナでの秘密戦争を継続し続けます。東ウクライナの「親ロシア派」と呼ばれた武装勢力の主体が現役、もしくは元ロシア軍人であったことは今回の戦争で明らかとなりましたが、当時のロシアは紛争当事者ではないという立場を取り続けたのです。そして、戦争を始める直前にプーチン自らミンスク合意は「もはや存在しない」と言ったのを忘れてはいけません。

㉚「入国禁止リスト」といえば僕の出番

入国禁止リストと言えば僕の出番かと思います。ロシア外務省の入国禁止リスト（声明）ですが実は発表の方法が違います。対米では、ルカシェンコ大統領や露国防省関係者11名の追加制裁発表直後の3月中旬に13名の最初のリストが発表されましたが、慌てて作ったか、ジョー・バイデンの名前にジュニアを付け忘れ、「オヤジのことか」とサキ報道官にバカにされました。９年間公職についていないヒラリー・クリントンやウクライナ疑惑で悪名が轟いたハンター・バイデンがなぜかリスト入りしました。その後は拡大する形で９６３人が入国禁止となり、あまりに人数が多いのでアルファベット順になりました。対して対英リストは順次発表される形式で最初はジョンソン首相はじめ全員政治家13人、その後は分野別のリストが公表されています。少し心配なのはオーラ・ゲリンＢＢＣ特派員ら、現在東部の最前線で取材中の記者が入っている事です。無事を祈るばかりです。

コメント記事：「ロシア、英国人49人の入国禁止　著名ジャーナリストら対象」２０２２年６月15日　ＡＦＰ＝時事ロシア政府が発表した「非友好的な国と地域のリスト」自体は今回の戦争とは関係なく２０２１年５月に作成されました。

当初はアメリカとチェコの２カ国だけでしたが、戦争が始まってからは日本も含む48カ国・地域に拡大されました。この「入国禁止リスト」は継続して発出されますが、アメリカ、イギリス、そして日本に対しては出されたものの、Ｇ７の中でもイタリアやフランスにはこのようなリストは出ていません。

一方、イギリスのジャーナリストがリスト入りした理由は「ロシアに関する偽情報の拡散」への対応としています。

㉛ プーチンがヘルソンを「ロシアのもの」と思いこむ歴史的経緯

ロシアお得意のパスポートばら蒔き政策です。東ウクライナのドネツクでは2019年から始まりました。今回、ヘルソンでは最初にロシア国籍を申請していた市民は僅か23人。また先日の「ロシアの日」の野外集会に集まったのは映像を見る限り40名程度と対露協力するヘルソン市民はごく少数です。大人が協力しないから、ひとまず無垢な子供からという事ではないでしょうか。今回のロシアの戦争目的は様々な事がありますが、ただもしかしたら人口の獲得もあるのでしょうか。ロシアは急激に少子化が進み現在のままだと100年後はロシアが存在しないのではと言われるほどです。マリウポリのように凄惨な無差別攻撃で親を殺害し、孤児をロシア人化、非ウクライナ化していくのは、民族性を消し去る一種のジェノサイドと言えるでしょう。

コメント記事：「侵攻後に誕生の子は「ロシア国民」 ウクライナ南部露軍支配地域」 2022年6月17日　毎日新聞

かつてロシア帝国の県の一つにタヴリダ県がありました。領域は、ちょうど現在のクリミア半島、ヘルソン州、ザポリージャ州です。「タヴリダ」は、ギリシヤ語のクリミア半島名「タウリカ」が語源です。この地域には多くのギリシア人も住んでおり、セバストポリ、メリトポリなどの「ポリ」の部分は、ギリシヤ語の都市「ポリス」に由来します。

1783年、女帝エカチェリーナ2世はクリミア・ハン国の領域をロシアに併合し、その後、タヴリダ県が設置されました。この歴史的経緯から、プーチン大統領やロシアの保守層はクリミアはおろかヘルソンまでも自分たちのものだと思い込んでいたのですが、ヘルソン市民の感情は全く違ったようです。

㉜ カザフスタン大統領とプーチンの間に吹くすきま風

重要演説があるとの触れ込みだったのでプーチン大統領の1時間15分あまりの呪文のような演説をすべてとその後のセッションを聞きました。EU加盟容認は彼らしい癖玉です。巨額の補助金が必要で「やれるもんならやってみな」とも聞こえました。意外だったのは「特別軍事作戦」の意義の説明があった事と、ウクライナを「ウクライナ」と呼んでいたことです。当たり前のことと思われるかもしれませんが、対独戦勝記念日の演説では「キエフ」と表現していました。今回は「キエフ」＝ネオナチ政権というような意味合いだったかなと思います。西側公式代表団はゼロで2席づつ空けて参加者が座ってるのはコロナ対策の名目でしょうが、参加者は例年より少なく感じます。一方、タリバンの参加やクレムリンのプロパガンディストのマルガリータ・シモニャンが司会する中、プーチンの目の前でカザフスタンのトカエフ大統領が爆弾発言するなどなかなか興味深い内容でした。

コメント記事：「プーチン氏、ウクライナのEU加盟『全く反対せず』」２０２２年6月18日

ＡＦＰ＝時事

この時、カザフスタンのトカエフ大統領はウクライナ東部の親露派支配地域を国家承認しないと表明しました。

冬季北京五輪の開会前、僕のゼミ生と協定校の北京語言大学との間で、オリンピックをテーマとした学生交流会がありました。東京オリンピックがコロナ禍で一年延期になったので、東京・北京五輪と2年続けて五輪が開催されたからです。

語言大学の代表者が「大学の名誉ある卒業生の一人はトカエフ大統領」との紹介がありました。トカエフは卒業生ではありませんが１９８３年に10カ月間、同大学に留学しています。１９７０年に「エリート外交官」養成機関であるモスクワ国際関係大学に入学・卒業し、20年あまりソ連外務省に務めたトカエフはロシアのやり方を熟知しているのかもしれません。

㉝ EU加盟への動きは侵攻以前から始まっていた

ウクライナにとって夢のまた夢であったEU加盟に向けて一歩近づきました。ウクライナは伝統的に事実上の「中立政策」をとってきた上、いわゆる「親ロ派政権」ですらEUとの関係を重視してきました。その意味でも、この認定が大きな分水嶺となるのは、間違いありません。一方、同じ加盟候補国でも「親露国」のセルビアや国名まで変えたのに加盟協議を棚上げされた北マケドニアなどまったく進展がみられない事例が多々見受けられます。また、2014年以降、国内法や規制をEU基準に変更してきましたが、今後は汚職対策やオリガルヒの経済支配の排除といった抽象的な目標も課されるので、達成までは紆余曲折が予想されます。宇国がEUに加盟すれば国土の広さでは第1位、人口は第5位で、それをEUメンバー国側から「魅力」と捉えられるのか、「リスク」と判断されるのかが、協議進展の鍵と思います。

コメント記事：「ウクライナを「EU候補国」認定　加盟実現へ一歩―首脳会議」２０２２年6月24日　時事通信

ロシアによるウクライナ侵攻からまだ5日しか経っていない2022年2月28日、ヴォロディーミル・ゼレンスキー大統領は、デニス・シュミハリ首相、ルスラン・ステファンチューク議長と共に、ウクライナ最高会議内で、EU加盟申請書に署名しました。同年6月にはEUはウクライナを「加盟候補国」として承認します。

実はウクライナがEUやNATOとの関係強化を始めたのは最近ではありません。たとえば、2014年2月の一連のウクライナ騒乱、いわゆるマイダン革命の発端は、2013年11月21日、ウクライナ政府がEUとの連合協定の締結交渉の一時停止を発表した事が発端です。その意味では、ヤヌコーヴィチ政権とポロシェンコ政権には、EUへの接近という意味では政策の継続性があったと言っても過言ではありません。

㉞ ロシアの「対日戦勝記念日」案と日本の「北方領土の日」

日本では「2月7日」は「北方領土の日」です。なぜその日かというと1855年（安政元年）に日魯（ロ）通好条約が結ばれ択捉島とウルップ島の間に国境が定まった日だからです。領土を奪われた我が国ですが、8～9月付近の日時に設定せず、この日としているのは平和的な話し合いでの北方領土問題の解決を目指す意思表示とも言えます。

それに対して、旧ソ連では戦後9月3日が「対日戦勝記念日」とされましたが1947年以降は就業日となり休日では無くなり、極東を除くと忘れられた存在になります。ロシアでは2010年、日本が降伏文書に調印した9月2日が「第2次大戦終結の日」とされました。ところが保守派の主張で2020年にまた3日へと変更されました。一方同日は2004年のベスラン事件の日で「テロとの戦いの連帯の日」でもあり変更する事には露国内でも異論があります。度重なる変更はロシアの歴史修正主義の結果と言っていいでしょう。

コメント記事：「9月3日を『対日戦勝記念日に』　ロシア議員が法案提出」2022年6月25日　時事通信

ソ連では大祖国戦争（独ソ戦）に従軍した兵士に贈られるメダル（勲章）に「大祖国戦争 1941～1945年におけるドイツに対する勝利に対して」という名称のものがあります。

デザインはスターリンの横顔で左、つまりドイツの方を向いています。「日本への勝利に対して」のメダルもありスターリンの横顔が右、つまり日本の方を向いています。このメダルの裏面には日付があり、「1945年9月3日」となっています。ただ実際は9月5日ぐらいまでは北方領土の占領作戦が続いていました。ソ連・ロシアが「不法占拠している」という際の日本側の根拠の一つです。

㉟ 南部での攻勢は偽装工作の一面も

長らく続いた「セベロドネツク攻防戦」はいったん終わりました。一方、露軍にどれぐらいの損失が出ているのか全く発表がありません。ウクライナ軍との消耗戦で、また、ルーハンシク州占領という「戦略目標」のために多大な犠牲を払った可能性もあります。一方、今月頭までは空手形状態だった欧米の兵器支援ですが、徐々に訓練を終えたウクライナ兵とともに到着しはじめており、米の高機動ロケット砲システム「ハイマース」4基、ドイツの自走式榴弾砲「パンツァーハウビッツェ2000」を12門も到着したと発表がありました。フランスの自走式榴弾砲「カエサル」が戦闘を行う映像もSNSなどに投稿されており、これらを用いたウクライナ軍の反攻が夏にかけて行われるでしょう。一方、ロシアのニュース映像でみるかぎりですが、露軍兵士の個人装備がよくなっている印象があります。「闇」で軍事支援している国や事例がないかも目を光らせる必要があります。

コメント記事：「東部最前線のウクライナ兵、要衝から撤退　心苦しさ残るも『生きていて安堵』」
2022年6月25日　ロイター

ハルキウ州で砲撃準備をするウクライナ軍兵士（写真：ロイター／アフロ）

ウクライナ軍の夏季の反転攻勢は7月に始まりました。7月9日朝、イリーナ・ヴェレシュチュク副首相は「ウクライナ軍がもうすぐやって来る」と発言し、また宇政府もヘルソン州とザポリージャ州の占領地域周辺住民の避難を呼びかけました。

7月末まで、ヘルソン州地域の奪還作戦を続ける一方、9月4日からはハルキウで電撃的攻勢に出て、一週間ほどで同州の大半の奪還に成功します。南部での攻勢は偽装工作の一面もあったようです。

㊱ウクライナの「フィンランド化」は死語に

1月から2月にかけてウクライナがNATOに加盟せず中立化して「フィンランド化」したら戦争を回避できると言う主張がマクロン仏大統領らによってなされました。日本のロシア専門家や一部コメンテーターも同調しました。一方、プーチン大統領やロシア軍は1月中旬には「特別軍事作戦」の目標を承認していたと言われ、にもかかわらず、全く無駄な外交交渉を行い、無為な時間を浪費した苦い教訓を忘れてはならないでしょう。プーチン大統領自ら説明した作戦開始の主な理由はウクライナの「非ナチ化」でした。今回のフィンランド、スウェーデンのNATO加盟については「お好きにどうぞ」という態度で、この事からも今回の戦争が単に「ウクライナを我が物にしようとしたかった」だけなのがはっきりと分かります。一方、誇大妄想的だった「特別軍事作戦」の目標をやや下方修正する傾向も匂わせ始めています。それが何になるかでこの戦争がいつ終わるか決まります。

コメント記事：「ロシア大統領、NATOが北欧2国に軍備なら『相応の対応』」2022年6月30日　ロイター

2022年2月7日、フランスのマクロン大統領はプーチン大統領とモスクワで会談し、翌日8日はゼレンスキー大統領とキーウで会談します。その時、フランスメディアは、マクロンがプーチンにウクライナの「フィンランド化」を提案したのではないかと報じ、マクロンは全面的に否定します。

冷戦期にフィンランドは「積極的中立主義」を標榜しソ連と同じ外交政策をとる一方で、政治は民主主義、経済は自由主義を維持することが出来ました。今回の戦争を機に、この中立政策を意味した「フィンランド化」は、同国とスウェーデンがNATO加盟を表明したことにより死語や歴史用語となってしまいました。

㊲ ロシアに「愛されなかった」英・ジョンソン前首相

ボリス・ジョンソンの評価はどの方向、またどの国からみるかで全く違うでしょう。ロシアから「愛されていない」彼ですが、2度のキーウ電撃訪問、ゼレンスキーとの市内散策は、ウクライナでは後世まで語り継がれるのは間違いないでしょう。一方、最後はボロボロになって辞めた首相が多いイギリスから見ても、彼ほど公人として、その発言でも、また私生活においても毀誉褒貶が激しい首相は珍しいとも言えます。ただ、「金曜日のワインタイム」疑惑を含め、彼の行動規範には「自由を尊ぶ」精神があったのやもしれません。なのでロシアによって「自由」を奪われそうになったウクライナにあそこまで肩入れしたのかもしれません。ポスト・ジョンソンはどうなるでしょうか。仮に彼の内閣からと考えるとトラス外相にせよ、ウォレス国防相にせよ、かなりの対露強硬派です。そうなれば、結局ロシアにとっては次の首相も「愛せない」存在となるのは間違いありません。

コメント記事：「ロシア幹部『我々も愛していない』 ジョンソン英首相辞意を歓迎」2022年7月7日　毎日新聞

ポスト・ジョンソンは、リズ・トラス外相になったのですが、首相就任後一か月半あまりで辞意表明、イギリス史上最短の在任期間となりました。就任前からトラスへのロシア側からの反応は辛辣で、ロシアの極右政党のスルツキー議員は「イギリス国民は電気を消すことになる」と恫喝し、「ジョンソンの方が真の偉大な思想家」だと書いた新聞もありました。

一方、それだけリズ・トラスの対ロ姿勢が首尾一貫として厳しかったとも言えるでしょう。2023年2月8日、ゼレンスキーのイギリス訪問を受けたスナク首相にもその方針は受け継がれています。

㊳ロシアは日本を「交戦国」と見なしていると考えたほうがよい

偶然の結果、国連常任理事国の元首、安倍元総理ともっとも関係が近かったリーダーの一人を、我が国が「入国禁止」措置としていたことが明らかになりました。ただいくらプーチン大統領と言えども、歴史的に最も長く、強固な軍事同盟の一つ「日米同盟」を結ぶ日本に来日するリスクを取るとは思えません。日本の一部報道でプーチン来日の可能性が報じられましたが、メディア、国民の間でこの視点が抜け落ちている、また認識が薄いように思われます。２月24日に露のウクライナ侵略が始まり、日本は米や西欧各国と足並みを揃えてきました。それは、ロシアから見れば完全な敵対行為で、早くも３月上旬には日本を「非友好国」に指定しています。大げさに言えば事実上の準「交戦国」と見なしていると考えたほうがいいでしょう。エネルギー問題で揺さぶりをかけられ、宥和策を唱える意見も見受けられますが、その事実を再認識したほうがいいのではないでしょうか。

コメント記事：「〈独自〉プーチン氏の国葬出席、政府認めず　事実上の入国禁止対象」２０２２年７月22日　産経新聞

2019年6月29日　大阪市内で筆者撮影

何度か間近でプーチン大統領を見た事があります。２０１７年5月、北京で開催された「一帯一路フォーラム」で、その次が２０１９年６月のG20閉幕直後に開催された「日露交流年」のクロージングセレモニーです。おそらく警備のために2列空いていたので、僕はちょうど最前列にあたる3列目に座っていました。

「君と僕は、同じ未来を見ている」とまで言った当時の安倍総理ですが、この戦争が始まってどう感じていたのでしょうか。直接聞けないのが残念です。合掌。

㊴ウクライナの航空宇宙産業は世界を支えている

ウクライナの宇宙産業のリーディングカンパニーであるユージュマシュ社が本拠地とするウクライナ南東部ドニプロは、7月15日に大阪市と「友好協力関係構築に関する覚書」を締結しました。MOUの内容は情報・人的・経済交流となっていて具体的ではありませんが、大阪府下ではかつて東大阪を中心に人工衛星の製作に参画して航空宇宙産業を地場産業に育てるという試みもありました。このプロジェクトは大きな成果につながりませんでしたが、その背景も考えると、将来性のある協定であるようにも感じます。3月20日、新型の大型大陸間弾道弾「サルマート」の発射実験の成功を発表したプーチン大統領は「全て国内の部品だ」と強調しました。これはかつてICBMの部品を安価なウクライナ製で賄っており、2014年以降の制裁などで一時核戦力が無力化されかねない事態に陥ったことが背景にあります。それほどウクライナの航空宇宙産業は世界を支えています。

コメント記事：「ロシア軍によるウクライナの『ロケット工場』空爆。欧米宇宙開発プログラムへの影響も懸念」2022年7月22日　sorae 宇宙へのポータルサイト

クチマ元大統領と筆者（2019年9月撮影）

ウクライナで唯一、連続当選し2期務めたレオニード・クチマ大統領は、ユージュマシュ社のロケット技術者から政界へ転じました。クチマ大統領を一躍有名にしたのは、2003年に出版された著書『ウクライナはロシアではない』です。

今回の戦争が始まってすぐの3月上旬、自身のレオニード・クチマ大統領財団を通じて出した声明では次の言葉がありました。

「ウクライナはロシアではない。そして、ロシアになることは決してない」

㊵ セレモニーの建前で国民に長期化のメッセージを送るプーチン

戦争開始から5か月が過ぎようとしています。情報が氾濫する現代では、戦場の凄惨な映像が我々に押し寄せました。情報量が多いので「5か月」を「長期化」と感じるのも無理はありません。例えば第二次世界大戦が始まった1939年に12歳だった子供は45年には18歳、国によっては戦争に動員されましたが、彼らはその戦争が起こった原因すら不明瞭だったと言われることがあります。今回のウクライナ・ロシア戦争でも「長期化」してくると戦争の原因が忘れられたり、また別の原因があるのではという陰謀論もまた流行る時期に入りつつあります。ただ一つ忘れてはならないのは、理由はどうあれ、この戦争はロシアが始め、ロシアによるウクライナ侵略であるということです。ゼレンスキーは2月24日時点に戻すことが戦争のひとまずの終着点と明言しています。世界秩序を維持するため最低限な事で、どれだけそれに近づけるかが早期終結のカギとなるでしょう。

コメント記事:「ゼレンスキー氏、失地回復なしの停戦応じず」2022年7月23日 ウォール・ストリート・ジャーナル日本版

実はロシアは最近、この戦争は、第二次世界大戦と同じく少なくとも3年ぐらいは続くというサインを国民向けに出し始めています。2023年1月18日、ロシア大統領府は約900日にも及んだレニングラード包囲網が「破られ始めた日」（43年1月18日、包囲497日目）として、この日を80周年と位置付けてサンクトペテルブルクでプーチンも出席し、セレモニーが行われました。

ただ実は、この前回の70周年は10年前ではなく9年前に同市がドイツ軍から解放された日（2014年1月27日、包囲872日目）に開催されています。記念日の日付を1年繰り上げ、捻じ曲げてでも、今、ロシア国内の戦意を高揚させ、長期化への覚悟を国民に促したとも見ることができます。

㊶ クリミア大橋爆破で懸念された「第三次世界大戦」

日本で最も長い橋は東京湾の「アクアブリッジ」の約4・4キロ、次いで明石海峡大橋が約4キロで、ともに工期は約10年、調査期間はそれ以上でした。確かにケルチ大橋構想は19世紀からあり、1943年にはドイツ軍によって建設が始まり、同地を奪還したソ連軍によって鉄道橋が完成しますが1945年に崩壊してしまいます。それから70年あまり、クリミア占領後に「プーチン宮殿のオーナー」で悪名高いオリガルヒのアルカディ・ローテンベルクのSGM社によって突貫工事でわずか3年で18キロを超える橋が完成。2018年のFIFAワールドカップロシア大会で開催都市の道路が整備されますが、すでに劣化が著しい場所も見受けられました。もしかするとウクライナ軍が橋を攻撃・崩落させるまでもなく、その前に部分的に自然崩壊することもあり得るのかもしれません。そのほうがこの筆者がいうような「第三次世界大戦」に発展せずいいのかもしれませんね。

コメント記事：「このままでは第三次世界大戦になる…佐藤優が注目する「クリミア大橋」と「リトアニア」という2大リスク」 2022年7月22日 プレジデントオンライン

結論から言うと、10月にクリミア大橋の「攻撃」が行われましたが「第三次世界大戦になる」ことはありませんでした。僕は歴史家なので、基本的に公平に分析するのが仕事です。

ですので、今回の戦争が始まって、いろんな予測を聞かれ、戸惑いながらもお答えしましたが、もちろん外れることも時折あります。なので、他の方の予想や見解をとやかく言う立場ではありません。

ただ、半年ぐらいしてから、僕も含めて評論家や批評家の予想や見解を振り返り検証することは必要かもしれません。日本においても市民のメディアリテラシーが試されるロシア・ウクライナ戦争だと感じています。

㊷「ロシアは絶対悪か」という問い

重い問いかけです。ただ、理由はどうあれ「ウクライナに阿鼻叫喚の地獄をもたらしたのはロシアだ」というのは間違いないのではないでしょうか。また「ロシアは絶対悪か」という問いには、「アメリカは絶対悪か」という問いも成り立ってしまいます。ミアシャイマーの論が方々で取り上げられますが、逆に言えば彼以外に今回のこの戦争に対する異論対論を唱えている大家がほとんどいないことを示しているのではないでしょうか。ダボス会議のキッシンジャーですら「2月24日のライン」と述べており、やはりロシアの侵略であるという認識かと思います。プーチン大統領自身が言うには「特別軍事作戦」の最大の目的は「東ウクライナでの虐殺を止めさせ」、「ウクライナを非ナチ化」することです。僕はそうは思いませんが、仮に隣の国の政体にいくら問題があるからとはいえ、先制攻撃してもいいという理屈に賛同するロシア一般国民とどう向き合えばいいでしょうか?

コメント記事:「ウクライナに阿鼻叫喚の地獄をもたらしたのは米国だ」２０２２年7月24日
ＪＢｐｒｅｓｓ

極東連邦大学東洋学院・地域国際研究スクール日本学科の大崎巌准教授のご論考ですが、「ロシアは絶対悪か？」、「相手を全否定し、自分は絶対に正しいという態度こそが戦争を生み出すのではないか」というのは非常に大事な問いだと思いました。

ただ、だからといって「ロシアにも言い分がある」と捉えた結果、「相手を全肯定」してもいけません。

特にこの戦争についてはです。

なぜなら「理由がどうあれ、ロシアが戦争を始めた」からです。

㊸「ウクライナのNATO加盟問題が戦争のきっかけ」が成立しない理由

フィンランドのNATOへの加盟から、もう一つの真実が浮かび上がりました。2月初旬、仏のマクロン大統領らを中心にウクライナの「フィンランド化」、つまり中立化で何とか戦争を回避できないかという動きが見られました。実はこの頃、プーチン大統領はウクライナ侵攻作戦を承認していたようで、今考えると全く無意味な交渉を続けていました。その時点のプーチンの主張は、ウクライナのNATO加盟問題でしたが、2／24日、彼流に言えば「特別軍事作戦」を始める演説の主題は「ウクライナの非ナチ化」や歴史的経緯についてでした。そして、フィンランドとスウェーデンがNATOに加盟しようとしても、ロシアから具体的な軍事的反応は見られません。結果として、ウクライナ侵略は、NATO加盟問題よりも、プーチン大統領やロシア保守層が、よく言えばウクライナを自分の影響圏に残したかっただけ、あるいは単に自分のものにしたかっただけだと言えます。

コメント記事：「プーチンの目論見は完全に裏目に出た…軍事的中立を保っていたフィンランドが西側に助けを求めたワケ」２０２２年7月24日　プレジデントオンライン

元記事は池上彰さんと増田ユリヤさんの非常に分かりやすい対談記事です。

ところで専門家の間からは、ロシアの隣国フィンランドがNATOに加盟しようとしているのに、ロシア側から具体的なアクションがないことにあまり説明がありません。「ウクライナのNATO加盟問題が今回の戦争の主因だ」と主張してきた人たちにとっては、矛盾が生じるからではないでしょうか。

繰り返すようですが、「ウクライナ侵略は、NATO加盟問題よりも、プーチン大統領やロシア保守層が、よく言えばウクライナを自分の影響圏に残したかっただけ、あるいは単に自分のものにしたかっただけ」とそろそろ認めてもいいのではないでしょうか。

㊹ ロシア側から取材に入ったジャーナリストが見た「真実」

「勝手な想像に留めない」は玉石混交の情報が氾濫する現代に生きる我々への重要な問いかけです。5月の記事ですが、戦争の「長期化」、世界の「ウクライナ疲れ」が囁かれる今こそ、多くの人に読んでほしい証言です。2016年に東ウクライナに「親ロシア派」と呼ばれる勢力の側から取材に入った同氏は「大規模な抑圧や虐殺が行われているという証言には、たどり着けなかった。」にもかかわらず今回の「特別軍事作戦」の理由はプーチン大統領曰くそれを止めさせるためでした。ロシア・ウクライナ戦争について、テレビ・メディアなどの報道が減る中で、そこで出てくるウクライナ関連報道が正しいのか、正しくないのか。そして、戦争が長引き、日本人の生活に物価高など身近な問題が起こる中で、新たな陰謀論やフェイクニュースに踊らされぬよう、自分の目で見て頭で考えることが重要になってくるでしょう。ゲーム紹介サイトの企画力にも敬意を表します。

コメント記事：「『フェイクニュースに踊らされず、勝手な想像に留めない』ジャーナリストが見た生のウクライナ情勢—藤原亮司氏インタビュー」２０２２年５月８日　ＧａｍｅＳｐａｒｋ

僕は２００９年から２０１３年までの５年間で16回ほど東ウクライナのドネツクを訪問しました。街は独ソ戦で破壊されたので、あまり古い建物がなく、いかにもソ連といった建物が建ち並びます。一方、鉱山業・鉄鋼業などが盛んで、最初の印象は「どうして日本より多くのレクサスが走っているのか」でした。

一方、藤原さんは紛争が始まってからロシア側から取材に入ります。ロシア系武装勢力が主張するウクライナ軍の「蛮行」の証拠を最後まで見せてもらえなかっただけではなく、将兵の多くが「軍をリストラされて、いい待遇に釣られてやってきた元ロシア軍人」が多いことに気づきます。有能なジャーナリストはやはり真実に辿り着くようです。

㊺ ロシア国営宇宙企業の社長退任後

アーサー・C・クラーク原作（1982）、それを基にした映画『2010年宇宙の旅』（1984）という作品があります。スタンリー・キューブリック監督の名作『2001年宇宙の旅』（1968）の続編ですが、ソ連の宇宙探査船にアメリカのチームが乗り込んで木星探査に向かう中、米ソ対立が核戦争の瀬戸際まで高まり、両国の乗員にも葛藤がある場面が描かれました。ロスコスモスの社長が、その発言で何かとお騒がせの政界渡り鳥でどのポストもまともにこなせなかったロゴージンから官僚出身で有能なボリソフに、7月に交代した矢先にこの発表です。2011年にスペースシャトルが退役し、その後はロシアのソユーズやプログレス補給船がISSへの輸送を担っておりロシアの役割が増した中起こったのが2014年のクリミア占領・東ウクライナ紛争です。ISSや宇宙に限って制裁対象外にしなんとか協力を続けますがそれすら終焉を迎えてしまうのでしょうか。

コメント記事：「ロシア、国際宇宙ステーション撤退へ　国営企業社長が表明」2022年7月26日　時事通信

社長退任後のロゴージンですが、相も変わらずの行動でした。タス通信によると、２０２２年末に東ウクライナのドネックを訪問、そこにウクライナ軍の砲撃があり、「ドネック人民共和国」政府のビタリー・ホツェンコ「首相」とともに負傷しました。

ちなみにその日、12月21日はロゴージンの誕生日で、そのパーティの最中の攻撃だったそうです。彼に同行していた元ロシア特殊部隊員は死亡しており、ロゴージン自身もかなりの重傷だったようですが、それでも死なないのは彼の悪運の強さを示しています。

㊻ 文春に愛人問題を隠し切れなかった「ミスター嘘つき」外相

ラブロフ外相は見方によっては強かな外交官、悪く言えば「嘘つきの父」といってもいいほど発言内容がよく変わります。4月のインドのメディアのインタビューでは「ウクライナでの政権交代は目指していない」といい、今回のアフリカ歴訪でもドイツメディアによれば「ウクライナ国民が解放される」ようゼレンスキー政権の転覆を目指す考えを述べたかと思えば、今度は、3月にウクライナが停戦に応じなかったのは「欧米が禁じた」せいだと述べています。2004年から外務大臣を務め在任18年となりますが、最近、ロシア外務省や在京ロシア大使館のSNSなどに、ソ連時代28年間外相に在任し、「ミスター・ニェット（ノー）」の異名で知られたグロムイコを讃える記事などが見受けられます。同じく露外務省に「長期政権」を築いたラブロフにはまだ定まったあだ名はありませんが、「ミスター・ロッシュ（ロシア語でウソの意）」と後世呼ばれるかもしれません。

コメント記事：「欧米が停戦合意「禁止」と主張　戦闘長期化巡りロシア外相」2022年7月26日　共同通信

5月のいわゆる「ロシア出禁リスト」に『週刊文春』編集長の加藤晃彦さんも入られました。その最大の理由は同誌が、ラブロフ外相の愛人問題について、ロンドン在住のロシアの反体制活動家マリア・ペヴチクのＴｗｉｔｔｅｒを参考に独自取材を加え詳報したことではないでしょうか。

日本国内では絶大な影響を誇る「文春砲」ながらも、日本語での発信だけだと、世界へのインパクトは弱いのですが、テンプル大学日本校のロシア専門家ジェームズ・ブラウン准教授がＴｗｉｔｔｅｒで概要を英語で発信することによって「グローバル文春砲」となりました。

「ミスター・嘘つき」のラブロフも、文春相手には隠し切れなかったというところでしょうか。

㊼ ウクライナが戦う「専守防衛」の難しさ

ウクライナが現在戦っている戦争は「専守防衛」です。一方、一度、自国領土が他国軍に占領された際に奪還がどれだけ難しいかというのを目の当たりにしています。この発表は、ウクライナの短い夏が終わったあと急に寒くなるのを見越して、露軍によるインフラ破壊によって最低限のライフラインの確保がされていない住民の保護を促す意味合いもあります。ヴェレシチューク副首相兼一時占領地域担当相によれば20万以上の住民の避難が想定されるとの事ですが、露側が主張する「東部でロシア語を話すロシア人」というのがウソでウクライナに留まりたいウクライナ人が多い事も意味します。一方、今回の避難指示は南部のヘルソンなどと同様にロシアに占領された都市の奪還作戦を実施する準備でもありますが、その際には建物や住民の被害、また「人間の盾」として使われる可能性があり、うかつに攻撃できないのも現実です。それが「専守防衛」の限界とも言えます。

コメント記事：「ウクライナ大統領、東部ドネツク州に強制避難を指示」２０２２年7月31日
ＣＮＮ

２０２３年2月6日の衆院予算委員会で、共産党の穀田恵二議員は、朝日新聞の元航空自衛隊の林吉永氏の次のコメントを引用しました。

「今のウクライナはまさに専守防衛的な戦いをしています。自らの戦いの正しさを示すことで国際社会の支援を得ようと努める現実的で重い決断が見える。もしロシア本土を攻撃すれば攻撃をエスカレートする口実を与えてしまい核兵器による攻撃さえ誘発しかねない」

これはまさにウクライナが今、抱えるジレンマで、攻撃がさらなる攻撃を誘発する側面はあるかもしれませんが、「自衛としての武力行使」は認められ、そう考えれば、東南部4州のロシア占領地域、そしてクリミア半島までも「専守防衛」の範囲ではないでしょうか。

㊽ ウクライナ最大の農業企業オーナーの分厚い手

この攻撃で、ウクライナ最大の農業企業「ニブロン」のトップであるオレクシー・ヴァダトゥルスキーが自宅で死亡しました。宇のアグリビジネス界では伝説的人物で、日本で例えるなら、大手自動車メーカーか、メガバンクのトップが隣国の攻撃で突然お亡くなりになるといった感じです。彼の業績を称え2007年にはウクライナ最高の栄誉「ウクライナの英雄」の称号を授けられています。ウクライナ穀物協会の副会長も務めており、今回の小麦輸出再開の要となる人物でした。『フォーブス』によると400億円以上の資産を持っていましたが、74歳で国外避難も出来たのに最後まで現場に、そして愛する故郷ミコラーイウに留まりました。攻撃は午前1時と5時の2回だったようで明らかに就寝中を狙った非人道的な夜襲で、住宅地のほか、ホテル、スポーツ複合施設、2つの教育機関、ガソリンスタンドも被害を受けています。

コメント記事：「ウクライナ大統領、穀物生産半減の恐れ　ロシア軍砲撃で輸出会社オーナー死亡」2022年8月1日　時事通信僕は、「ウクライナ国立農業科学アカデミー外国人会員」です。「アカデミー会員」は選挙で選ばれ、旧ソ連圏では研究者に贈られる最高の称号で、それを巡って贈収賄が起こるほどです。

僕が経験した会員選挙は「ザ・ソ連」とも言うべき、官僚的かつ複雑なもので、最初の年に推薦機関となった国立研究所所属の「アカデミー会員」の前で研究発表後、僕の目の前ですぐに挙手投票で推薦決定、翌年はアカデミー幹部会の予備選挙で「会員選挙」の候補とするかの投票、3年目になってやっと「外国人会員」に選出されました。実はヴァダトゥルスキーさんはアカデミーの会合でちらっとお見かけしたことがあるのですが、重鎮すぎてついにお声がけできませんでした。ただ、いかにも働き者の分厚い手をされていたのを覚えています。合掌。

㊾ 北方領土を「日本が取り返しにくる」のは荒唐無稽な話

今年の4月初頭、ロシア軍は国後島で1000人規模の演習を実施しました。8月末から9月初旬には4年ぶりの大規模軍事演習「ボストーク（東方）2022」を実施すると発表しています。注目点は、中国軍が前回（2018年）同様参加するのかと、北方領土でも実施されるかです。ロシア国防省によれば、国後島の南部ドゥボボエ村のラグンノエ（日本名ニキシロ）演習場と択捉島のガリャーチエ・クリュチ（瀬石温泉）演習場が含まれています。どの規模で、何を対象とした訓練が行われるのかで、日本の「脅威」をどのように考えているのかを垣間見ることができるでしょう。2018年の国後島で行われた演習では「武装勢力」が上陸したとの想定で、その破壊工作活動を阻止する訓練でした。ロシアがいう「武装勢力」とは誰をさすのでしょうか。

コメント記事：「『あらゆる手段を使って確実に守る』北方領土周辺海域　プーチン大統領演説」
2022年8月1日　FNNプライムオンライン

2月7日は「北方領土の日」で東京をはじめ、各地で返還要求記念大会が開かれますが、壇上に「返せ、北方領土」と掲げられることはあっても「取り返せ、北方領土」と書いてあることはありません。

また、根室周辺は言うに及ばず、北海道北部に特に重点的な自衛隊の部隊配置が行われているわけでもありません。なので「日本が取り返しにくるのでは」という考え自体は荒唐無稽です。

ロシア側からすると「自分たちがすることは相手もしてくるかも」とでも考えているのでしょうか。

㊿　公平かつ冷静な視点に立った映画

ぜひ多くの皆さんに見て頂きたい作品です。予期せぬ戦争に巻き込まれた市民の日常を描いています。話題になったセルゲイ・ロズニツァの『ドンバス』は、ドキュメンタリーと錯覚するほど現実味を帯びた劇映画ですが、本作はユライ・ムラヴェッツ自身が「本当の戦争であり、その戦争がもたらす全ての恐怖がある」と述べるとおり、２０１４年のマイダン革命に続いて起こった東ウクライナ紛争を捉えた貴重なドキュメンタリーです。全編を通じ、変わらないのはムラヴェッツの公平かつ冷静な視点です。分離派地域、ウクライナ地域双方の市民を取材し、時に感情に流される場面もあったと思いますが、映画が終わるまでその姿勢が崩れることはありません。ドンバス出身の宇軍兵士はなぜ戦争が始まったかと思うかと問われ、「みんな学校で勉強しなかった。歴史を知らないんです。ちゃんと勉強すればこんなことにはならない」と言いました。我々日本人にも通ずる重い回答です。

コメント記事：「〝戦争の本当の始まりを撮影したもの〟。『ウクライナから平和を叫ぶ』のムラヴェッツJr.監督が語る」２０２２年7月31日　キネマ旬報

『ウクライナから平和を叫ぶ』ポスター

ユライ・ムラヴェッツJr.監督は1987年生まれで、世界的にも少数精鋭で教育レベルが高いことで知られる国立ブラチスラヴァ芸術大学（VSMU）映画テレビ学部カメラ学科で映画撮影と写真を学びました。

最初は、分離独立派にやや寄った姿勢も見られながら、そちらからの取材を禁じられ、ウクライナ側も取材、戦争の陰で忘れられた弱者にも目を向けた素晴らしい作品です。

㊿ 実際に目にした習近平とプーチンの印象

訪台に先立つこと4月30日、ペロシ米下院議長は事前予告なしにウクライナのキーウを訪問しゼレンスキー大統領と会談しました。ウクライナにとっては侵攻後、台湾にとってもアメリカ最高位の高官の訪問です。いずれの訪問目的も「この地域へのアメリカの揺るぎなき関与を示す」事です。これに対しロシア外務省報道官マリア・ザハロワは「挑発的」で「ワシントンは世界に不安定化をもたらしている。（アメリカによって）ここ数十年で解決された紛争は1つもないが、多くの紛争が引き起こされた」とSNSで述べています。ロシア政府にとっては、露→東ウクライナ2つの偽の人民共和国＝中共→台湾と同じ構造で捉えたいようですが、北京からは「特別軍事作戦」に倣って「非戦争軍事行動」という言葉を使って台湾侵攻の準備を進める以外では意外に反応が薄いようにも感じます。歴史的経緯も含め同じようには扱ってほしくない、実はありがた迷惑なのかもしれません。

コメント記事：「ロシア、中国には『主権』擁護の権利 ペロシ氏訪台めぐり」 2022年8月3日 ＡＦＰ＝時事

プロンプターを見ず、手元の原稿を読むプーチン（2017年5月14日、筆者撮影）

実は習近平国家主席とプーチン大統領を同じ日に間近で見たことがあります。２０１７年、最初の「一帯一路フォーラム」に日本の研究者としてはただ一人招待されたときのことです。その日の習氏の演説は1時間以上、一度も視線を下げずに熱弁を振るいましたが実は横にはプロンプターが置いてありました。次に出てきたプーチンはプロンプターを映してもらえなかったのか、うつむき加減に原稿を読み、非常に「しょぼく」見えました。本当の二人の関係がちょっと垣間見えた気がしました。

㊷ 一般市民に対する残虐行為の原因は「軍規」の厳しさか

事実であれば、ブチャに続くロシアの戦争犯罪です。ＨＩＭＡＲＳを用いた宇軍の攻撃で宇軍捕虜が死亡した事が露側から発表されますが、７／29にはウクライナ保安庁ＳＢＵがドネツク人民共和国関係者の電話を傍受した音声を公開。それによるとどういうわけかマリウポリで捕虜になったアゾフ連隊の捕虜が悪名高き露民間軍事会社ワグネルの管理下となり３回の爆発で爆殺されたとの事です。それに先立ちワグネル所属の兵士が宇軍と思われる捕虜の性器を嬉々として切断する動画がテレグラムに出回っています。このアゾフ連隊など宇軍捕虜死亡後の８／２、ロシア最高裁は同連隊をテロリスト集団に認定したと伝えられています。不自然な動きでアゾフ連隊＝テロ組織＝オレニフカで殺されても仕方ないという流れを作ろうとしているようにも見えます。ウクライナでは正規軍だけではなくカディロフツィと呼ばれるチェチェン兵、ワグネル兵などの残虐行為が目立ちます。

コメント記事：「ウクライナ捕虜収容施設攻撃、国連が調査団組織へ」２０２２年８月４日
ＣＮＮ

昨年、ロシアで活動されている日本人映画監督兼俳優という方がネット番組で「ロシア軍は軍規が厳しい」と誇らしげにおっしゃっていました。この戦争が始まってからの、ロシア軍の蛮行がまったく嘘だとでも言いたげでしたが、別の見方をすれば「ロシア軍の軍規」がたしかに厳しいのは事実かもしれません。

2006年に「新兵いじめで両足切断／ロシア軍に批判高まる」と報じられたことがあります。ロシア軍の新兵が暴行し、両足・性器が壊死し切断せざるをえなかったそうです。そういった「厳しさ」はロシア軍の伝統で、戦場での敵兵士や一般市民に対する残虐行為につながっていると言えるでしょう。

㊸ トルコ・ロシア首脳会談とレーピンの絵

両首脳の4時間あまりの会談後の共同声明では、二国間貿易を促進し、運輸、農業、産業、金融部門で緊密に協力するための措置を講じることに合意した、と発表されました。一方、プーチン大統領が事前に求めた二国間貿易・経済協定については言及されていません。ロシアのペスコフ大統領府報道官も合意が調印されたかどうかについての質問にも答えていません。プーチン大統領はまた、トルコストリーム・パイプラインを介したロシアのガスのヨーロッパへの輸送について「欧州のパートナーは、ロシアのガスの途切れのない輸送を保証するトルコに感謝すべきだ」とも述べており、今回の会談のロシア側の主目的が経済であることがよく分かります。一方、エルドアン大統領は「トルコ南部国境からシリア側30キロに安全地帯を作る」と以前から述べ、クルド人勢力に対する対シリア軍事作戦を準備しており、アサド政権支持の露がどのような反応を示したのか気がかりです。

コメント記事：「プーチン氏、トルコと貿易拡大で合意　『友好国』取り込み図る」２０２２年8月4日　毎日新聞

イリヤ・レーピン「トルコのスルタンへ手紙を書くザポリージャ・コサック」（出所：Wikipedia）

ロシアの画家イリヤ・レーピンの大作《トルコのスルタンへ手紙を書くザポリージャ・コサック》という絵があります。１６６７年、黒海に近いドニプロ川下流の地ザポリージャ・コサックにトルコのスルタン・メフメト4世が降伏を勧告してきたのに対し、罵詈雑言をつづった返事を書いているところと言われています。

本書は白黒ですが、現在のウクライナ国旗である青黄旗が描かれています。現在までのトルコ・ロシア・ウクライナの関係を象徴するような絵画です。

㊺ ソ連に追放されていたクリミア・タタール人

昨日は奇しくも「世界の先住民の国際デー」です。同地の先住民クリミア・タタール人の多くはウクライナを支持してきました。宇政府主催の国際会議「クリミアプラットフォーム」が今年も8月23日に開催されますがその最中に起こったのがこの「爆発」です。ポドリャク宇大統領顧問も、宇国防省も、思わせぶりで皮肉たっぷりな雰囲気で関与を否定しています。一方、露によって占領されているザポリージャ州のメリトポリのフェドロフ市長も同市内で10回程度の爆発が起こったと述べています。欧米系メディアではクリミアでの爆発はレジスタンスによるものとの報道も出ています。そこで思い出したいのは２０１４年のクリミアのロシア編入への住民投票です。賛成が96・77%、反対が2・51%と発表され、日本でも「クリミアでは多くの人が露への編入を望んだ」といまだ主張する向きもありますが、本当だったのか再考する時期に来ているのではないでしょうか。

コメント記事：「クリミア半島のロシア軍飛行場で爆発　１人死亡」２０２２年8月10日　ロイター

ムスタファ・ジェミーレフの自宅にて（2017年7月撮影）

僕がクリミア・タタール人運動の精神的指導者ムスタファ・ジェミーレフに最初に会ったのは2014年9月です。第二次世界大戦中にソ連によってクリミアを追放されたクリミア・タタール人は1989年になって、ようやく帰還が許されました。ロシアへの不信感が強く、ウクライナが独立すると、ウクライナ民族主義系の政党と協力を進めました。

最後に会った時は彼の自宅で、ジェズベと呼ばれる器具で、クリミア・タタールのコーヒー「カヴェ」をご自身で淹れてくれました。彼の歩んだ人生のように濃くて、またクリミア・タタール人が歩んだ苦難の道のごとくほろ苦くもありました。

㊺「妄想の生物兵器開発計画」をツイートするロシア大使館

ここで思い出さねばならないのは、2月24日にいわゆる「特別軍事作戦」を始めたときのプーチン大統領の理屈です。ウクライナが「核兵器保有までも求めている」といい、今年5月9日の対独戦争記念日の演説では「核兵器取得の可能性を発表していた」とも述べています。東ウクライナでの「ロシア語住民へのウクライナのジェノサイド」をやめさせるために加えて、ウクライナの核保有を阻止することが今回の「作戦開始」の理由だとしたのです。一方ウクライナ国内では1994年のブダペストメモランダムで核兵器を放棄したから2014年以来のロシアの侵攻を招いたという議論自体はありましたが、核開発計画など存在せず、プーチンのバカバカしい妄想にすぎません。一方、チョルノビリ原発を早々と占拠したのはその核開発計画を阻止するという理屈に合わせるためで、度重なる原発占領を目指す動きの背景にはロシア側の「妄想の核開発計画」があると思われます。

コメント記事：「ロシア軍、ウクライナ第2の原発近くの街にミサイル　12人負傷」2022年8月21日　毎日新聞

5月頃、あるメディアから次の駐日ロシア連邦大使館のツイートにコメントしてくれと依頼がきたのですがさすがに何も言えませんでした。題して「妄想の生物兵器開発計画」です。ご感想は皆さんにお任せします。

「ロシア国防省：ウクライナ領土における米国の生物兵器をめぐる活動に関する文書の分析結果のブリーフィング：資金はクリントン家、ロックフェラー家、ソロス家、バイデン家の投資ファンドを含む民主党が支配するNGOから国家保証の下で調達された。このスキームにはPfizer，Moderna，Merck，Gileadなど大手製薬会社が関与している。」（駐日ロシア連邦大使館ツイッター、2022年5月12日投稿）

㊱ 日本にも「ホッポウ・プラットフォーム」が必要

8月9日のクリミアのリゾート地ノヴォフェドリフカのサーキ基地の爆発では露占領軍は宇側の攻撃と明確にしませんでしたが、クリミアのアクショーノフ首長がテロへの警戒レベルを上げました。一方、同首長は16日のジャンコイ地区での一連の爆発は、「破壊工作」によるものと述べています。2016年8月にクリミアで、宇軍特殊部隊による秘密作戦が実施され、露軍人2名が死亡したと露連邦保安局FSBから発表された事がありました。当時のポロシェンコ宇大統領は否定したのですが、実はフロッグマン（水中工作員）による浸透工作だったようで、作戦参加者の一人が、日本のメディアにもよく登場する宇国防省諜報総局長キリル・ブダノフだったとも言われています。8月23日はオンラインで宇主催の国際会議「クリミア・プラットフォーム」が開催されます。それに向けて宇側のクリミアに対する軍事的な圧力がさらに強まるのではないでしょうか。

コメント記事：「クリミア　また爆発　弾薬保管場　露側『破壊工作』」２０２２年８月17日
読売新聞オンライン

産経新聞は2月7日の社説で次のように書いています。

〈ゼレンスキー氏が北方領土問題にも目を向けていることを忘れてはならない。昨年10月には「北方領土はロシアの占領下に置かれているが、ロシアには何の権利もない。私たちはもはや行動すべきだ」との大統領令に署名した…ウクライナからの連帯の意思に応えることは、こうした負の歴史を断ち切ることになる。岸田政権には四島返還をテーマとする国際会議やシンポジウムなど具体的な行動を起こしてもらいたい〉

いまこそ「ホッポウ・プラットフォーム」を日本も創設し、国際社会にロシアの不法占拠を訴える時ではないでしょうか。岸田総理、よろしくお願いいたします。

㊿ 頻繁に発生する「政治技術者」の爆殺

僕はこれまでプーチンの「妄想の歴史観」の背景に20世紀初頭を生きたイヴァン・イリインが影響を与えていると言ってきましたが、かつては全体主義的傾向で、「ネオ・ユーラシア主義」を標ぼうし、ウクライナの併合を主張するドゥーギンがプーチンに影響を与えているという主張には一度もコメントしたことがなく、はっきり言って一種の陰謀論だと思っています。彼自身は自分が思い描く「妄想のプーチン像」を持ち、時にその姿勢が弱腰だと批判的でもあり、政権自体からは押しつけがましい、ありがた迷惑的側面がある事も多くの識者が指摘しています。露国内では当然ウクライナ側の犯行との見解ですが、宇側はポドリャク大統領府顧問はじめ関与を否定。現時点ではロシア国内のあらゆる勢力による犯行もありうる状況で新たな陰謀論や「迷宮入り」事件につながりそうです。付け加えると露や宇では彼のような「政治技術者」の爆殺や暗殺は未遂も含めよくあります。

コメント記事：「右派思想家の娘、車爆発で死亡　プーチン氏に影響力も　ロシア」２０２２年8月22日　時事通信

２０１８年8月末、「ドネツク人民共和国」首長のアレクサンドル・ザハルチェンコが、市内の行きつけのカフェで爆殺されました。

同共和国とロシアは、ウクライナの情報機関の仕業として批判しましたが、ウクライナ当局は認めませんでした。不思議なことに数時間後にはロシア国営テレビで爆殺の一部始終が放映されました。また同「共和国」副首相はじめザハルチェンコの側近も逃亡します。果たして誰が犯人だったのでしょうか。

⑱ 政権批判で逮捕された政治家から聞いた言葉

エカチェリンブルクのエフゲニー・ロイズマン元市長とは2017年、学生たちと一緒に表敬訪問したときにお会いしました。いつもシャツかTシャツ姿の一見型破りな政治家ですが、エカチェリンブルク市長職の以前は連邦下院議員を務めたこともあるベテラン政治家です。また、イコンや絵画の収集家でもありロシア芸術アカデミー名誉会員、ロシア作家同盟会員で詩人としても知られています。もともとは財団「薬物のない都市」という反薬物の市民活動家から政治的キャリアを出発しています。お会いしたときは、「ロシアの極東における日本との懸案事項（つまり北方領土問題）は、日本国民の納得する形で解決すべきだ」とおっしゃって、僕個人としてはロシア人からここまで明確な日本の立場に近い発言を公式な場で初めて聞いたのでかなり驚かされました。今回のウクライナ侵攻を批判する発言をネットで発信、同市ではロイズマン逮捕に抗議する市民も連行されています。

コメント記事：「ロシア当局、ウクライナ侵攻批判の政治家を拘束＝タス通信」2022年8月25日 ロイター

２０２２年11月、ロシア司法省はロイズマンを「外国の代理人」のリストに入れました。

写真は僕が揮毫した「温故創新」（故きを温ね、新しきを創る）。沖縄返還、北方領土返還運動に取り組んだ「最後の国士」末次一郎の座右の銘です。

エフゲニー・ロイズマン市長（当時）と。2017年9月13日　エカチェリンブルク市役所にて

㊾「ロシアとのパイプ」がある政治家は日本にいない

安倍8提案以降、僕は日露大学協会人材交流委員等を務め、2016年にビザなし交流で択捉、2017年に国後、2019年には色丹島へ訪問団長として行きました。その中で一つ驚いたのが、実は国会議員の中でロシアの政界関係者と深い関係を築いている人が皆無だということ。例えば2016年2月16日に発足した「参議院自民党・日露議員懇話会」会長となった世耕官房副長官（当時）は「露に個人的な友人ほしい」、つまりいないと語っています。一方、柔道を通じてプーチンと一番、親しそうだった山下泰裕先生は今回の戦争が始まってから「皆さんが思っておられるほど親しいわけではない」と言いました。日本の地位の高い人が、露の地位の高い人に会えるのは当たり前のことでそこでの会話はポジショントークに過ぎません。鈴木先生も同様で「先を見据えた賢い外交」を実現するのであれば、今こそ露で本当の友人、人脈作りに励まれるべきではないでしょうか。

コメント記事：「鈴木宗男氏、ロシアのビザなし交流破棄に『先に喧嘩を売ったのは日本』『日露関係は冬の時代』」2022年9月8日　スポニチアネックス

今回の戦争が始まって、日本で明らかに驚きの事実の一つは、ロシアとパイプがあると言っていた政治家や学者が、実はプーチン大統領周辺のみならずロシアの政界に全く個人的なパイプを持っていなかったことです。

「大臣」「国会議員」といった立場で、事務方の外務省にお膳立てをさせて、友達っぽく振舞っていただけで、お互いポジショントークしかしていないのに「パイプがあるある」ばかり言い続けるのは、政界の「オレオレ詐欺」といってもいいのではないでしょうか。

⑹⓪ 戦争に来日を遅らされたウクライナ人教授

本学初となるウクライナ人の「外国人客員教授」ナディィヤ・ゴラル先生が先日、日本に到着されました。ナディィア先生は避難者ではなく、その招へいは昨年から決まっており、今回のロシア・ウクライナ戦争でも比較的落ち着いたリヴィウご出身ですが、キーウの日本大使館が避難した結果、さまざまな手続きが難しくなり、結果として一端、ベルギーへ行ってもらい、そこの日本大使館で「教授ビザ」を取得、やっと来日となりました。現地の情報が錯そうした3月初旬にはNHKのニュース7で現地の様子を日本語で伝えるなどご貢献されました。ユライ・ムラヴェッツ監督の『ウクライナから平和を叫ぶ』も今回の戦争の原因を考える上で、必見のドキュメンタリー作品ですので、多くの皆さんにナディィヤ先生の現地からの生の声を日本語でお聞きいただければと思います。

コメント記事：「神戸の映画館でウクライナのドキュメンタリー映画　アフタートークも」2022年9月7日　神戸経済新聞

モタンカ人形

ナディヤ先生は、いま神戸学院大学でウクライナ文化やウクライナ語を講義しています。ウクライナのお守り人形「モタンカ」のワークショップなどもされています。

2023年度は一般市民向けにも開催予定ですのでお近くの方はぜひ一緒にウクライナの平和を祈ってモタンカ人形作りにご参加いただければと思います。

㉑「戦争の存在が遠い」と感じた日本企業のパワハラ案件

パワハラ案件には係争中なのでコメントしませんが、内容をよく見れば別の側面も浮かび上がってきます。訴えられた会社は日本で唯一、ロシア製カモフＫａ－３２を運用しています。二重反転式ローターを備えるこのヘリは元々は軍用で、カモフ社が製造した軍用ヘリはウクライナ侵攻にも大量投入されています。政府による経済制裁に多くの日本企業が同調する中で、この会社がメンテナンスを含め露の軍需企業と現在どんな関係にあるのかは興味深いです。ＮＨＫによれば、２０１８年から働くこの女性が、侵攻後に露関係の仕事から外してもらうよう会社に要望すると、上司から「仕事を選ぶ人間」と言われたと、訴状にあるそうです。元々の業務なので、百歩譲って「交戦国であっても仕事はしろ」と言いたかったのかもしれませんが、戦時下のウクライナではロシアとの商取引に関わると反逆罪となる可能性があり、配慮があってもよかったのではないかと思います。

コメント記事：「『野良犬と一緒。挨拶できひん奴は一緒や』ウクライナ人女性　上司のパワハラ被害を提訴　ロシア侵攻「ウクライナも悪い」と聞こえるように発言か」２０２２年９月９日　ＭＢＳニュース

本記事に登場するアカギヘリコプターが所有するヘリコプターは多国籍で非常にユニークです。記事のロシアのカモフKa－32A11BC型をはじめ、アメリカのカマン式K－1200型、富士ベル式204B－2型、フランスのエアバス・ヘリコプターズAS350B3（H125）です。カモフは二重反転式メインローター機、カマンは、交差反転式メインローターを装備する珍しい機体です。簡単に言えば2つの回転翼を有し、テールロータがありません。

ハラスメントについてはいろんな背景があるかとは思いますので何とも言えませんが、一方「戦争」の存在が日本人にとって遠い存在とも感じさせる一件でした。

㊷ ロシア人が「エリツィンよりプーチンのほうがいい」と思う理由

1997年にモスクワ大学留学中にロシアの警察官に何度か殴られかけたことがあります。例を挙げれば、地下鉄で列車が止まっている時、隣に座っていた酔っ払い男性2人が喧嘩を始め、ホームで見ていた警官が乗り込んできて一人を動かなくなるまで警棒で殴打、真隣の僕も殴りそうな勢いでした。また、プロサッカーを観戦時はサポーターの対応をしていた内務省特殊部隊オモン隊員に突き飛ばされました。それほどロシアの警官は荒っぽく、映像を見ても分かるとおり今も変わりません。そんな恐ろしい警察部隊に立ち向かうほど、成人男性や子を持つ親には「戦争」が身近に迫り、切実なのかもしれません。ただ侵攻当初の反戦デモが意外に早く鎮静化したのも事実で、もしかすると表面上は早く収まる可能性もあります。露政府は「反戦」の動きに「愛国」主義を喧伝して対応しようとしています。「愛国」はロシア人には効き目のあるパワーワードであるのも事実です。

コメント記事：「切り札〝動員令〟が裏目に　ロシアで反プーチン加速」2022年9月25日
ANN

今となっては懐かしいエリツィン時代にモスクワ大学に留学していました。この頃のロシアは一言でいうと毎日サバイバル状態で、大学寮内で殺人事件が発生するなど何が起こってもおかしくない雰囲気でした。警察官の給料の未払いも続いていました。最初の週に僕のパスポートを露内務省で登録している際、代替書類を受け取りました。大学に行こうと通りに出ると3人組の警官が「パスポートを見せろ」、代替書類を見せると「これは偽物だ。捕まりたくなかったらビールおごれ」と言います。プーチン政権になって、経済が好転し不良警官もいなくなりますが、この混乱を経験したロシア人にとっては「あの時よりはプーチンのほうがいい」と考えるのかもしれません。

㊸ 「動員名簿」に入った人は誰か

ロシアでの動員が発表されてから、アノニマスによって第一次召集の名簿とされる文書が流出しました。流出名簿自体は偽物説もあるなかで、最初にしたことが僕の知人や友人の名前がないか検索すること。というのも日露の学生交流に携わる中で出会った学生の中で「予備役将校課程」を履修していた子たちが多かったからです。露の大学では軍事訓練を受け予備将校課程を修了した学生が予備役少尉となる制度があります。大学卒業後に一定期間軍務につく人や、予備役登録しながら一般社会に出て働く人もいます。一方、この招集はプーチン政権で進めてきた軍改革、つまり契約軍人化、専門教育を受けた下士官の質を高める施策等の終焉を意味します。約100万の素人兵の大量投入で宇軍にとって「衆寡敵せず」となるのか、それともプロの軍隊である宇軍によって各個撃破されるのかまだ分かりませんが、その結果がプーチン政権の今後に影響を与えるのは間違いありません。

コメント記事:「予備役男性、出国禁止へ　ウクライナ侵攻で退避相次ぐ　ロシア」2022年9月26日　時事通信

結果としてその名簿に僕の知り合いのロシア人学生の名前はありませんでした。この動員名簿自体の信ぴょう性は疑問符もついていますが、9月のこの措置はロシア国内の雰囲気を一気に変えました。

ロシアから男性を中心に出国が社会問題化しました。少なからず日本にも親族などを頼って、やってきた例もあったようです。ただ、一方で、地方や貧困層などを中心に動員に進んで応じる場面もありました。戦争が普通の人々を愛国者に変える魔力を感じました。

㊹「独立」と「編入」を間違えたロシア歴史協会会長

ソ連やロシアでは、日本はアメリカの「属国」に過ぎず、自分一人では何も決められない主権のない国との認識でした。一方、2月24日以降、露安全保障会議のパトルシェフ書記が「日本はロシア嫌いの世界的運動の主導的な存在」だと批判するなど、露政府高官から名指しで激しく非難する場面が多々見られます。ロシアは初めて日本を「脅威」と感じ、また初めて「主権国家」と認めたのかもしれません。このフォーラムはウェビナー形式だったのでこっそり参加しようと思いましたが、露入国禁止の僕が馬鹿正直に本名を書いたせいか許可されませんでした。ロシア歴史協会のウェブには開催概要が載っていて、露科学アカデミーの研究者らが機密解除された露連邦保安局FSB文書を基に発表をしたようです。この戦争が始まってからFSBがウクライナや日本に関する史料をどんどん公開して、「宇民族主義者と日本軍国主義者の協力の証拠」とされる内容も含まれます。

コメント記事：「『日本の戦争犯罪に時効なし』　ロシア外相、歴史でけん制」　2022年9月28日　時事通信

セルゲイ・ナルイシキン露対外情報庁長官（写真：AP／アフロ）

ロシア歴史協会の会長は、プーチン政権下で大統領府長官や政府官房長官、そして下院議長も務めたセルゲイ・ナルイシキン露対外情報庁長官です。

諜報機関のトップが歴史学会の会長というのもどうかと思いますが、ナルイシキンといえば、2022年2月21日のロシア安全保障会議では、ドネツク人民共和国とルガンスク人民共和国の「独立」を承認するか問われているのに「編入」に賛成と言い間違えてしまいました。プーチンの「妄想の歴史観」に歴史家としてすぐには賛成できなかったのでしょうか。

㊅ ウクライナ保安庁の動きから見える戦争の裏側

この記事にもある「ルガンスク人民共和国首長」のレオニード・パセチニクは興味深いキャリアで、ソ連時代に政治将校の養成機関ドネック工兵科・通信科高等軍事政治大学を卒業し、ソ連崩壊後の1993年よりウクライナ保安庁SBU（旧ウクライナKGB）に入庁。密輸対策などで成果をあげ、親欧米路線だったユシチェンコ大統領より勲章を受けています。マイダン革命最中の2013年12月にSBU大佐で辞職し、ヤヌコーヴィチ政権崩壊後は親露分離主義勢力に参加します。「ルガンスク人民共和国」の内部の権力争いを勝ち抜き2018年から首長を務めます。記事にもあるヘルソンで急に祭り上げられたサリド（元ウクライナ最高会議議員）がヘルソン市長の時代はもっとも汚職が酷かったと言われるのに比べるとクリーンな経歴で、ロシアの協力者であるリーダーの資質が2014年以降「ルガンスク人民共和国」が比較的安定して存在し続けた事の背景にあります。

コメント記事：「ウクライナの親ロ派首長、プーチン氏に併合要請」2022年9月28日　AFP＝時事

泣く子も黙るウクライナのＳＢＵなのですが、このパセチニクの経歴や今回の戦争でのＳＢＵの動きをみれば、２０１４年以降のロシアとの戦争の裏面が見えてきます。２０２２年８月にはレズニコフ国防相とブダノフ情報局長の暗殺を阻止するなど活躍する一方、その前月には検察と併せて60人あまりの職員が、ロシアとの内通を理由に解任されます。パセチニクなどソ連時代に情報機関に入ったＳＢＵ要員の多くはその後もロシアとの協力関係があったと言われています。

最近では、ＳＢＵはウクライナの汚職の捜査でも存在感を示しています。皮肉な結果ですが、戦争によって、はじめて旧ソ連・ロシアの影響を排したＳＢＵとなるのかもしれません。

㊱「ロシアは一度も他国を侵略したことがない」と言い放つロシア人

以前、ロシア人の知人が「ロシアは歴史上、一度も他国を侵略したことがない」とSNSに書いていたのを見ました。これと同じことをいうロシア人は、少なくとも僕の周りには結構います。彼等にとってはロシアは「正義の国」なのです。プーチン大統領は演説の中で、中世以来の植民地政策、奴隷貿易、アヘン戦争などの例を引きながら、西側のダブル、トリプルスタンダードの欺瞞を訴えました。原爆が2回日本で使われたことやベトナムで燃料気化爆弾が使われたことなどもその事例として挙げました。ウクライナの穀物は第三世界に向かわず欧州にいったとも述べました。これ以上書きませんが、今回の演説は都合のいい事実を並べ立てた総花的な内容で非常に分かりにくかったです。そもそもですが、今回の「特別軍事作戦」は「ウクライナ東部2州の解放」が目的だったのではないでしょうか？「新植民地主義」とは占領地域を併合するロシアそのものではないでしょうか。

コメント記事：「【速報】プーチン大統領　ウクライナ4州　事実上の併合を宣言　このあと条約調印へ」２０２２年9月30日　ＡＦＰ＝時事

ロシアには日本でたとえれば「朝まで生テレビ！」のような討論番組や「そこまで言って委員会ＮＰ」のような討論系バラエティー番組が結構あり、ありがたいことに結構な数がネットで無料で視聴可能です。僕も可能な限り見ているのですが、２０２２年後半から、「コメント2」でも書いたように、その論調の変化が見られるようになりました。

最近の全体的な流行りは「実は、ロシアが戦っているのはＮＡＴＯ軍で、ロシア人はアメリカのせいで、本当はしたくはないウクライナ人の同族殺しをさせられている被害者だ」といった感じです。どこまでもロシア人が「被害者」でないと気がすまないようです。

ただ、このロシア当局、あるいはその意向を受けたロシアメディアの「論調の変化」には注目する必要があります。

㊻「妄想の歴史観」が戦争終結の邪魔をする

プーチン大統領の演説の締めくくりでは、20世紀初頭を生きた政治思想家イヴァン・イリインの次の言葉を引用しました。「ロシアを私の故郷と考えるなら、ロシア語を愛し、深く考え、歌い、ロシア語を話すことを意味する。私はロシアの人々の精神的な強さを信じており、その歴史的運命を私の本能と私の意志で受け入れる。その精神は私の精神でもある。その運命は私の運命でもある。その苦しみは私の悲しみである。その繁栄は私の喜びでもある。」プーチンがいまこの戦争を起こしている理由は、NATOの加盟問題や安全保障上の問題よりも、その「妄想の歴史観」にあることを象徴するような内容の演説でした。なお、右記の言葉が書かれた書物は『ロシア国家のための戦いの基礎』です。まだまだ戦争を止める気はないようです。

コメント記事：「プーチン大統領　ウクライナの東・南部4州併合を強行　ウクライナ危機、重大な局面に」２０２２年9月30日　日刊スポーツ

2022年10月、バルダイ会議に出席したプーチン大統領（写真：ロイター／アフロ）

２０２２年10月末のバルダイ会議で、プーチン大統領は「ウクライナはもちろん人工国家」と言い放ちました。そこからは彼の頭の中では、ウクライナがロシアの起源であるとともに、現代ウクライナがフィクションでその大部分はロシアから盗まれた地域であるという思考が混在し、一つの思想が形作られていることがわかります。

ただ、この「妄想の歴史観」はプーチンのみならずロシアの政府要人、学者、そして一般国民を問わず、信じる人が多いのも事実で、それがなかなか戦争が終わらない要因の一つだと思います。

⑱ 2024年が戦争の転機になるか

僕がウクライナの政府関係者や議会関係者などから聞いたかぎりでは、来年の春先までにこの戦争は終わる、もちろんウクライナの勝利でという内容が多いです。少なくともウクライナ側はそう考えており、逆に言えばそのタイムラインでさまざまな計画（例えば領土奪還作戦）を描いていることになります。長く感じる方もいるかもしれませんが、個人的には比較的短期終結の楽観的シナリオに思えます。一方、ロシアは動員令発出が、兵員不足を補うだけではなく、人海戦術による短期決戦を目論むのか、それとも国内の厭戦気分を避けるためのものなのかなど一番の目的が何なのかはっきりとしません。2014年のクリミア占領以来、東ウクライナでの大規模な秘密戦争、2016年のシリア内戦介入など、ロシアもこの8年間、戦争を継続しており、すぐに「終わらせる」という発想は、もしかするとプーチン大統領の頭の中にはないのかもしれません。

コメント記事：「追い詰められたプーチン氏、時計の針の音は増すばかり」2022年10月4日
CNN

この戦争の転機があるとすれば、その一つは、2024年前半にウクライナとロシアでともに大統領選挙が行われることです。

両国とも国内の民意、とくに高まる愛国心やそれを背景とする国民世論を、候補者がどのように掴むかで、選挙結果は変わってくるように思われます。ロシアではプーチン、ウクライナではゼレンスキーを主軸に選挙戦が展開されると予想されますが、両国民の世論の動向次第では、思いもつかない候補者が出てくる可能性も捨てきれません。我々日本人もそれに備えておく必要があるかもしれません。

⑲ プーチンにとって最悪の誕生日

クリミア大橋はケルチ海峡にかかる鉄道道路併用橋で2016年の着工からわずか2年から4年あまりで架橋された欧州地域では最長の橋です。SNSに投稿されている映像をみるかぎり道路部分は片方の車線が崩落、鉄道橋は燃料輸送列車が炎上しているようです。ロシアの国営通信社RIAによると鉄道橋は車両が燃えているだけで橋は無事とのことですが、車道の幅はガードレール部分を含めて約23mで、道路と鉄道が同じ場所で崩落、炎上するとは考えにくく、破壊工作か攻撃の可能性があると思います。一方、かなりの突貫工事で作られた橋でもあり、以前から関係者から「いつか自然に崩落するのでは」と揶揄されており、脆さを露呈したのかもしれません。昨日は奇しくもプーチン大統領の誕生日にロシアの人権団体「メモリアル」がノーベル平和賞を受賞し、翌日は早朝からクリミア大橋が爆発と、人生最悪の誕生日だったのかもしれません。

コメント記事：「クリミア半島の橋で大規模爆発　ロシア国営メディア」2022年10月8日
CNN

クリミア大橋爆発の前日、ノーベル平和賞受賞者が発表され、旧ソ連とロシアによる人権侵害を記録してきたロシアの人権団体「メモリアル」の活動が選ばれた意義は大きいです。強権的な国家の下では、政権による弾圧の事実は権力者によって歴史から消され、なかったことにされてしまうためです。たしかに被害者だけでなく、加害者となった当局者のリストを公表したり、連行された市民が住んでいた場所に銘板をつけたりと、先鋭的な活動に批判があるのも事実です。

ただ、ウェブサイトで公開されている史料は、研究者にとってもありがたく、ロシア人への弾圧だけでなく、旧日本軍の兵士や民間人のシベリア抑留関係も含まれます。

⑳「北方領土問題」はウクライナ以外から無視されている

Ｗｉｋｉｐｅｄｉａ日本語版の「北方領土問題」を見ていただき、右上の部分に「27の言語版」をクリックしてみてください。25言語はすべて「クリル諸島（千島）問題」との標題になっています。それほど我が国の領土問題は世界で無視されてきました。極端に言えば、どの国もロシア領であるとみなしているとも言えます。そんな中、日本語以外では、唯一、ウクライナ語版ｗｉｋｉｐｅｄｉａのみが「北方領土問題」となっています。２０１４年以降、クリミアを占領され、ロシアと領土問題を抱えるウクライナが、それほど日本の領土問題を意識していることが分かります。北海道の野付半島から国後島を見たことがありますが、その距離16㎞で天気が良ければ眼前に国後最高峰の爺々岳（１８２２ｍ）が見えます。ロシアを真ん中に見れば、西の国境を接する国はウクライナで今、侵略を受けています。東の国境を接する国は日本であることを忘れてはならないでしょう。

コメント記事：「ゼレンスキー氏『北方領土は日本』ウクライナ議会も決議」２０２２年10月8日　時事通信

ウクライナ研究者ではなく、北方領土の交流・啓発に長らく携わってきた者として言わせていただきます。「どうしてこんなにウクライナを支援しなければならないのか」と言う人がもしいれば、「この北方領土に対する表明だけで十分じゃないでしょうか」というのが僕の答えです。世界中の誰もが日本の北方領土返還運動を積極的に応援してくれない中、唯一の「同盟国」と言ってもいいでしょう。

ロシアでは昨年の新法で「虚偽情報」流布に最高で禁錮15年、領土割譲行為10年の刑が言い渡される可能性があります。そんな中で、「クリミアはウクライナ、北方領土は日本」と我々が自信を持って言えるか、今、試されています。

㉑ ウクライナ議会ではよくある「サプライズ出世」

昨年3月、ウクライナの国防相が来日したのですが同行者がコロナ感染で濃厚接触者となり実質隔離となりました。ですのでコロナ禍以後、対面で交流をする初めての要人の来日となります。来日した5名はウクライナ最高会議（国会）対日友好議員連盟のメンバーで、元大学教授のハリーナ・ミハイリューク共同会長（35歳）、経済人で大学教員でもあったヤロスラフ・ジェレズニヤク共同会長（32歳）、ガス関連会社幹部の経験があるオレグ・セミンスキー副会長（48歳）、元ウクライナ保安庁（SBU）大佐のロマン・コステンコ議員（38歳）、元国立食品技術大学准教授のオリハ・コヴァリ（31歳）と壮青年でありながらプロフェッショナルな議員ばかりです。東京での政治日程だけではなく、ウクライナ支援を行う自治体の現状を知り、謝意を述べるため、関西、名古屋なども訪問予定です。戦時下の最も大変な時期での訪問は両国関係に大きな意味を持つと思います。

コメント記事：「日本に復興支援要請　ウクライナ議員団」２０２２年10月17日　ＦＮＮプライムオンライン

ウクライナ最高会議（国会）対日友好議員連盟共同会長のハリーナ・ミハイリュークさんと初めて会ったのは今から6、7年前にキーウで、彼女がまだ大学教授の頃です。20代後半で上級博士号を取得し、すでに教授だった彼女ですが、偉ぶったところもない頑張り屋さんで、すぐに仲良くなりました。

彼女が最高会議議員に当選して、お祝いのメッセージを贈りました。一方ほとんどの友好議員連盟所属の議員が落選したので「連盟に入ってよ」と軽口で言ったら、次の返事は「私、会長になっちゃった」というものでした。こういった「サプライズ出世」はウクライナではよくあります。

⑫ 訪日後に戦線復帰した「大佐」

記事にもあるとおり、19日から21日まで付き添っていました。訪問団の一名が体調を崩すほどの分刻みのスケジュールで、戦時下の有意義な訪問だと思います。政府・経済団体のほか、ウクライナ支援を行っている地方自治体に謝意を述べるための訪問も希望されていましたが、すべてを回れないので大規模都市の復興支援の経験の蓄積がある兵庫県・神戸市をお勧めしました。訪問する自治体に合わせて要望を変えていたのも印象的でした。姫路を訪問した理由は2021年8月、まだウクライナがあまり知られていないときに、オレーナ・ゼレンシカ大統領夫人のプロジェクトとして姫路城にウクライナ語パンフレットが作成されたからです。表敬のお茶席も「ワーキングティーセレモニー」とでもいうべき内容で、虐殺があったブチャの隣のイルピン市長から姉妹都市提案などもありました。破壊された町がすでにどれだけ復旧したかのプレゼンテーションも興味深かったです。

コメント記事：「ウクライナ議員団、神戸・姫路を訪問　姫路城登閣・好古園で茶の湯楽しむ」
2022年10月21日　産経新聞

2021年にゼレンシカ大統領夫人のプロジェクトとして作成された姫路城のウクライナ語パンフレット

姫路では、皆さんが僕の自宅に来ました。その日が誕生日だったコステンコ大佐は、妻が作ったボルシチを美味しそうに食べて、「どうやってこんなにウクライナと同じ味のボルシチを作ったのか」と聞きました。実はウクライナのルナという会社から出ているボルシチの素の瓶詰を使いました。ネットでも買えますので皆さん一度、ウクライナ人も唸る本格ボルシチをご自宅で作られてはいかがでしょうか。

コステンコさんだけは一足早くウクライナに戻り、軍人として戦線に復帰、ヘルソン解放作戦に従事しました。

⑦③ 「冬」という要素が絶えず組み込まれる戦争

ウクライナにおける「冬」の熱い闘いは、実はソ連崩壊後から始まっています。露の対ウクライナ戦略には、「冬」という要素が絶えず組み込まれてきました。背景にはウクライナ側のガス抜き取り問題もありましたが、ほぼ毎年とっていいほど、難癖をつけてガス供給の停止をチラつかせ、さまざまな政治課題の交渉材料としてきました。一方、ウクライナの政権にとっても冬は大きな要素です。2014年2月のマイダン革命は、前年の11月から市民によるデモが始まりましたが、時のヤヌコーヴィチ政権は、気温がマイナスになれば寒すぎて市民はデモをしなくなるだろうと高をくくっていたと言われています。今回は、大規模インフラ攻撃による電力供給停止から、ウクライナ市民の暖房や日常生活への影響を与え戦意を喪失させることを目的です。このように気象と市民攻撃を戦術とする国に、エネルギーの一部を依存する日本の未来は果たして大丈夫でしょうか。

コメント記事：「ウクライナ『100万人超に電力なし』ロシア軍がインフラ攻撃」2022年10月23日　毎日新聞

戦争前の平凡な日常にもロシアとの関係や、ウクライナのエネルギー政策が深く影響を及ぼしていました。２月24日に始まったウクライナ・ロシア戦争ですが、ついつい戦況や戦場の趨勢に目が行きがちです。

一方、この戦争で苦しむ多くのウクライナの人々は、日々日常生活を送っています。長らく関わってきたウクライナですが、この８カ月の間にその経験や理解を超える様々な出来事が起こりました。Yahoo!ニュース読者の皆さんが、ウクライナ事情について理解を深めていただけるよう、今後もコメントできればと思います。引き続きお読みください。

⑺④ プーチンの下に残ったのはメドベージェフぐらい

まだ日本のメディアでは詳細が書いていないので少し付け足すとモスクワで開催の「全ロシア・クラス担任教師フォーラム」での出来事です。このフォーラム自体はロシアが占領したドンバス地域の教員も参加している事も「ロシア化」の一端として注目されるべきでしょう。出回っている動画を見てみましたが、正確には「我々は間違いなくこの戦争に勝つでしょう。私たちに対して繰り広げられているのは熱く、経済戦争であり、また心理戦争、情報戦争であるからです。しかし、そのため（勝つため）には、人民の戦争でなければなりません」と言っています。確かに「戦争」という言葉を連呼はしているのですが、意識的に「戦争」といったかどうかはやや分かりにくいです。プーチン政権で実務を執り仕切るセルゲイ・キリエンコ露大統領府第一副長官ですが、エリツィン政権下では経済改革派として首相まで務めた彼は、この「戦争」を本音ではどう考えているのでしょうか。

コメント記事：「プーチン政権『戦争』認める　ＮＡＴＯに責任と主張」２０２２年10月23日

時事通信

映画『太陽の下で－真実の北朝鮮－』（２０１５年）で市民生活の裏側を暴露したヴィタリー・マンスキー監督の『プーチンの目撃者』（２０１８年）という作品があります。マンスキーは、国営テレビのスタッフとして１９９９年末から、当時大統領代行（首相）だったプーチンの選挙活動を撮影し「宣伝番組」を制作します。一方、その未公開部分を編集して映画化し、プーチンの本性をあぶり出します。

２０１４年からウクライナ侵略に反対しラトビアに移住、昨年はついに指名手配されました。映画の中でプーチンの選対本部の様子があるのですが、そこにキリエンコの姿はありません。また、そこにいたほとんどの人がプーチンの下を去ります。今もそこに残るのはメドベージェフ元大統領ぐらいですが、彼も最後まで生き残れるのでしょうか。

⑺⑸ 愛国者による「ウクライナの子ども」に対する強烈な暴言

なぜこの件が衝撃的なのかと言えば、その発言をしたのがアントン・クラソフスキーだったからです。アントンは、ホモフォビアが根強いロシアで、同性愛者である事を公言しており、その権利を擁護してきました。一方、ロシアのウクライナ侵攻を熱烈に支持しています。ウクライナ人を「動物」と呼び、ウクライナを「私たちロシアの土地」とも言っています。今回はこの溺死発言より、続く「(ウクライナの) 子どもは田舎小屋に押し込めて焼け」と言った方が問題だったかもしれません。10月10日、14人が死亡したウクライナへのミサイル攻撃の際には「Z」マークの帽子をかぶりバルコニーで小躍りしている動画を公開しました。また、最近、彼が反対してきたロシアの悪名高き「LGBTプロパガンダ法」にポジティブな姿勢までも示しています。戦争とはアントンのような性的少数者を擁護してきた人ですら熱狂的な愛国者に変えてしまうのかもしれません。

コメント記事：「ウクライナの子ども「溺れ死ねばよかった」 ロシア番組司会者が出演停止に」
2022年10月25日　CNN

戦争が始まってからクラソフスキーの発言は強烈で7月にウクライナのヴィニツァが攻撃され子供3人を含む23人が死亡した件を「十分ではない」といい、8月には「ウクライナ人は存在してはならない」と言ってウクライナ語の禁止を主張しました。そんなクラソフスキーには実は「脛に傷」があります。

2012年の大統領選挙の時、プーチンの対抗馬となった富豪ミハイル・プロホノフの選挙運動に参加しました。この選挙前後から、異様なまでに愛国主義的な発言が多くなっていきます。プーチン政権下で身の危険を感じているのは実は彼自身なのかもしれません。

⑯ 露軍が撤退時に運び出した「ロシア支配」の象徴

このニュースの背景で注目されるのは、撤去（強奪？）されたのがロシア帝国のアレサンドル・スヴォーロフ大元帥とフョードル・ウシャコフ海軍大将の像だという事です。スヴォーロフは露帝国に3人のみの大元帥の一人で、「不敗の指揮官」として知られ、露の領土拡張を象徴する軍人です。モンゴル貴族の血を引くウシャコフと共にソ連時代から高く評価され独ソ戦では彼らの名前を冠した勲章が創設され、今も存在しています。スヴォーロフ像は没後150周年に建立、ウシャコフ像は1957年にヘルソン海事アカデミーの近くに設置されました。特に宇の東・南部にはソ連時代のこのような像が多く残っています。プーチンは「特別軍事作戦」の理由の一つに、2014年以降、宇のロシア語住民の迫害を挙げましたが本当に迫害されていたのならこんな像が立ち続ける事が出来たでしょうか。自ら撤去する事で、自分たちの論理の破綻を隠すつもりなのかもしれません。

コメント記事：「ロシア軍、ウクライナで略奪か　撤退時に文化財も」２０２２年10月25日

産経新聞

日本ではほとんど報道がなかったのですが、もう一つの「歴史的事件」がありました。グリゴリー・ポチョムキンの遺骸と墓標がヘルソンからロシア側地域へ運び出されたことです。女帝エカチェリーナ2世の治世と、軍事的にも、政治的にも、そして秘密の夫として私生活も支えたポチョムキンの爵位は「タヴリダ公爵」です（コメント31参照）。ヘルソンの聖エカチェリーナ大聖堂地下に安置されたポチョムキンの墓は、２０１４年以降のロシアとの関係悪化後も特に変わりなかったのですが、今回の撤去で、ロシア支配の終焉を象徴する出来事となりました。

⑰「現実」と「妄想」の狭間を行き交うプーチンの思考回路

記事は表題の「核使用」以外にも、ロシアとウクライナ最近の注目点を取り上げています。記事にはありませんが「ウクライナの領土保全を保証できるのはロシアだけだ」とバルダイ会議で述べました。この主張自体は昨年7月の論文「ロシア人とウクライナ人の歴史的一体性」と全く変わってません。つまり、プーチン大統領の頭の半分は変わらず「妄想の歴史観」に支配されている事がわかります。これは9月30日の宇東南部4州「併合」演説の締め括りが、ウクライナ人の存在を認めなかった民族主義思想家イヴァン・イリインの言葉で締め括られていた事からも裏付けられます。一方、記事のとおり、侵攻開始当初に挙げていたウクライナの「非ナチ化」や「非軍事化」という非現実的な言葉は使われず、最近プーチンの口からはあまり聞かなくなりました。今の彼の頭の半分は現実路線で、露国民への戦争目的の説明も西側への対抗と「宇東部住民の保護」に回帰しています。

コメント記事：「【ウクライナ】プーチン氏、ウクライナへの核使用『必要性ない』」2022年10月28日 ブルームバーグ

プーチンは、「一体性」論文の中で、「『原初年代記』は後世に向けて、予言者オレグがキーウについて語った言葉を残しています。「これをルーシすべての都市の母とせん」」とも述べており、そこからはロシア人全般に見られるウクライナの地への慕情も窺えます。

一方、「現在のウクライナは、すべてソ連時代の発案によるものである。私たちは、それが歴史的なロシアの犠牲の上に作られたものであることを知っている」と主張しています。

憧れ、差別、誤った同族意識といった全く違う価値判断が複雑に入り組んだプーチンの思考を理解できる日はついに来ないのかもしれません。

⑺⑻ 裏方が支える日・宇関係

個人情報となるので詳しくは書きませんが、僕の知る限り、昔と違い、日本の外務省にはウクライナ語を話す職員さんが複数（二人という意味ではない）います。天皇陛下とウクライナ大統領の会見の通訳もできるほど流暢にお話しになります。また、ウクライナ文化や歴史にもお詳しいです。特に２０１４年以降、西ウクライナの大学に留学させるなど組織としてのウクライナ語専門家を養成もしてきました。現地で聞いたところでは、ヤツェニューク首相（当時）と日本の議員訪問団が会見した際も日本大使館員が通訳に入り、「ウクライナ語で会談できた」と同首相も喜んでいたそうです。駐宇日本大使館でご勤務され重要な場面で通訳の経験のある平野高志さんは現在、ウクライナ国営通信社ウクルインフォルムの記者として日宇を繋ぐ存在です。

コメント記事：「毎日新聞、在ウクライナ大使館『スキャンダル』報道を削除&謝罪　国会に波及も外務省否定…事実誤認だった」　２０２２年10月28日　J-CASTニュース

２０１４年以降、来日するウクライナ政府要人と日本の国会議員との会合にオブザーバーとして同席する機会が増えましたが、そこで最初に目を見張ったのは、ウクライナ語で通訳をする外務省職員さんです。

何人かとは個人的にもお付き合いがありますが、日本の大学では正規の授業としてウクライナ語がいつもあるわけでもない環境の中、学ぶのは並々ならぬご苦労があったのではないかと思います。そんな普段は表に出ない裏方の皆さんにも日本とウクライナの関係は支えられています。

⑲ ヘルソン「解放」でも市長は未だ行方不明

ヘルソンが長かったロシアの占領から「解放」されました。SNS上でヘルソンの広場にウクライナ国旗がはためき市民が集まっている画像も投稿され始めています。同地域の占領直後、ウクライナ人中年女性が警備するロシア兵を「占領者!」と詰《なじ》る映像がSNSなどで流れました。ここでこれまでの経過となぜロシアが同地を占領したのかを、今後の展開を理解するために振り返っておく必要があるでしょう。同市にはエカチェリーナ2世の愛人で軍事的天才と言われたポチョムキンの墓所など、露を象徴するものが数多く残され、露もロシア寄りの地域と思い違いをしていました。一方、5月初旬ぐらいまで市民が大規模なデモを通じてもっとも露に抵抗した都市の一つです。占領の目的はクリミアへの水資源の確保、ミコラーイウ、オデーサ占領の橋頭保でした。気がかりは人格者として慕われ、6月末にロシア当局に誘拐されたイーホル・コリハイエフ市長は無事かどうかです。

コメント記事:「ウクライナ軍南部州都入り　ロシア軍、撤退完了発表」2022年11月11日
共同通信

この戦争が始まって早々にロシアが占領した唯一の州都ヘルソン市では、占領に対する市民の抵抗運動が凄まじく、ロシア軍の車両が通行を妨げられる場面も多々見られました。

クリミア半島への水源でもあるヘルソンはロシアにとって重要な戦略目標でしたが、占領を維持することができませんでした。ヘルソンはウクライナのスイカ生産の約50％を占める名産地として知られています。ウクライナ郵便は解放後、スイカの種が砲弾になった絵柄の記念切手を発行しました。残念ながらコリハイエフ市長の行方は未だわかりません。

⑧⓪「NATOとの戦い」は2007年ごろから意識されていた?

今し方放映のロシア国営放送のニュースを見ると、なかなか興味深い報じ方・伝え方です。1プーチンが英雄かなんだかの記念碑を建てる云々、2特別軍事作戦で英雄的行動と戦死者、3ウクライナ各地軍事拠点をミサイル攻撃、4ポーランドにミサイル着弾(ちなみに次はG20の話題)で、欧州メディアが夜の時間で大騒ぎだったのに対して4番手のニュース扱いで、比較的淡々と報じてロシアのミサイルじゃなく、ウクライナ側の可能性大といった終わり方です。その後のロシア版「朝まで生テレビ」のような討論番組ではあまり触れられていません。ロシアの言論界や国民向けのプロパガンダではこの「特別軍事作戦」の背後には宇を使う「NATOとの戦い」だと、露政府高官の発言含めて散々言ってきたため、まだ状況は分かりませんが、仮に非があったとしても「敵」に対して「すいません、誤射でした」といえない状況を自ら作り出してしまっています。

コメント記事:「『ロシア製ミサイル着弾、2人死亡』を確認 ポーランド外務省」2022年11月16日 AFP=時事

プーチンやロシアの保守系識者はいつ頃から「NATOとの戦い」を意識し始めたのでしょうか。

それは2007年のミュンヘン安全保障会議でのプーチン大統領の演説からうかがい知ることができます。その場で「NATOの拡大は（中略）相互信頼のレベルを低下させる深刻な挑発行為」で、「ロシアは1000年以上の歴史を持つ国で、実際、単独の外交政策を遂行する権利を行使してきた。この伝統を変えるつもりはない」と述べて不快感を示しました。そのため、NATOの東方拡大が今回の戦争の一因とされることもありますが、一方、この時から歴史認識問題を取り上げて「妄想の歴史観」が垣間見えることのほうが重要ではないでしょうか。

㉛ ポーランド着弾で改めて認識させられた情報操作の無意味さ

語弊を恐れずに言えば、今回の戦争が「平常運転」の場合は、これまで周辺国に直接被害・影響は少なかったのですが、少しでもイレギュラーな事が起こると世界大戦にも繋がる可能性がある事を今回の件が改めて認識させました。NATOとウクライナを含む東側との境界線は決して安全ではない事も分かりました。ゼレンスキーは「軍からの報告を信頼する」とやや微妙なコメントをしています。一方、ウクライナ側は調査に同国も加えろと言っています。NATO加盟は具体化すらしていないウクライナを、NATO加盟国の調査に加えるのはなかなか難しく、逆に不公平だとロシア側からも調査参加の要求もでかねません。NATO側にとっても非常に難しい判断を迫られていますが、一方、宇迎撃ミサイルの誤射との談話も出始めており、少なくとも、陰謀論者がよく唱える「西側は何でもロシアのせいにする」偽旗作戦を、NATO側がしない事もはっきりとしました。

コメント記事：「ウクライナ軍「迎撃態勢」認める　ポーランド着弾当時　米報道」2022年11月17日　時事通信

「ナイラ証言」をご存じでしょうか。イラクによるクウェート侵攻の際に、「ナイラ」なる女性（当時15歳）がイラク軍の残虐行為を証言したものの、のちにクウェート駐米大使の娘だったことがわかります。西側によるプロパガンダの好例として、今回の戦争でも引き合いに出されましたが、状況が大きく違うのは、1990年当時はいまほどインターネットも発達しておらずスマートフォンもありません。

今回の戦争は史上初の「スマホの中の戦争」とも呼ばれ、ロシア占領地域のウクライナ市民、露宇両軍の兵士などから積極的かつ偶発的な情報発信があり、それらも関係国の世論に影響を与えました。もう為政者のみが情報操作できる時代ではありません。

㉜ 日本人には理解できない旧ソ連諸国のキャンプ文化

もしかしたら日本では「(戦時下の)この状況でキャンプに行かすか?」と思う方がおられるかもしれませんが、背景にある旧ソ連・ロシア・ウクライナに跨《また》がる「サマーキャンプ」カルチャーを理解する必要があります。ソ連時代は「ピオネール(共産主義少年団)・キャンプ」がソ連各地に作られ、夏に一度は参加したことがある子供には欠かせない年中行事でした。期間は2~3週間と結構長めです。ロシアなどにもそのカルチャーは受け継がれ、無料にくわえ、充実した有料プログラムも増え、キャンプビジネスも確立されています。今となっては驚くことにソ連のピオネール・キャンプには労働団体や自治体経由で多くの日本人児童が参加しました。また2014年に日本のとある団体がロシアに併合されたクリミア当局から、日本人児童を同地でのサマーキャンプへの参加を打診されたことがあります。実現しませんでしたが、もし実施されていたらどうなっていたのでしょうか。

コメント記事:「名目は『キャンプ』、ロシアがウクライナの子供を強制連行…帰らぬ2人の我が子に母『毎日涙』」 2022年11月20日 読売新聞オンライン

こちらのコメントですが、２０１４年ではなく２０１５年だったかもしれません。クリミアでのキャンプを計画したのは民族派団体の一水会です。代表の木村三浩さんは、２０１５年３月に鳩山由紀夫元首相を連れてクリミアを訪問しました。簡単に言えば対米自立の民族派を自任する木村さんですが、彼の論理ではクリミアの「ロシア帰属」は住民投票の結果の「民族自決」だとのことでした。

サマーキャンプはロシア側の提案ですが、念のため医師が同行したほうがいいなど検討した結果、都合がつかず実施されませんでした。実施されていたら子供たちは非常に「刺激的」な体験をしたことでしょう。

⑧③ 「戦前」のプーチンに対するイメージが日本経済に損失を与えてきた

一連の「森発言炎上」についてはコメントしません。「プーチン大統領を説得できるのは、ここにいる鈴木さんだと思う」との発言ですが、確かに鈴木先生がロシアとパイプを持っていた時期があるのは事実ですが、プーチン政権が長期政権となる中で、影響力を持つ人物は大きく変化してきました。一例を挙げれば政権初期はミハイル・カシヤノフが首相を務めましたが、今では反プーチンの急先鋒です。鈴木氏が国会にいなかった時期はロシア人脈を作る空白期です。たまたま与党の大物政治家とロシア要人の面会に居合わせた事があるのですが時間は通訳を介して20分ぐらい、個人的に仲が良いように見えませんでしたが、ご本人も深い関係にあるように喧伝されておられました。今の日露関係の一つの問題は、現在のロシアに太いパイプを持つ政治家が日本にいない事です。この8カ月で鈴木氏が「プーチン大統領を説得」できなかった事で逆にそれが裏付けられた気がします。

コメント記事：「また炎上…森元総理　ゼレンスキー大統領批判『ウクライナ人苦しめている』」
2022年11月21日　ANN

日本では、２０２２年2月24日までは、政・官・財・学界の識者によって、プーチンは「したたかで合理的な指導者」とのイメージで語られることがほとんどで、それに基づいて政策や経済協力の方針が立てられてきました。近年の北方領土交渉やロシアへの天然ガス依存度の高まりはその一例でしょう。この誤解が、国益や日本経済に与えた中長期的な損失は計り知れません。

懲りずに、いまだに同様の主張を続ける政治家や学者もいますが、この「失敗の本質」について、検証し反省することがなければ、対ロシア政策において、また同じ失敗を繰り返すだけなのかもしれません。

㊹ ニセ大統領からの「イタ電」 過去にはエルトン・ジョンも被害

著名人へのイタ電で有名なロシアの芸人コンビ「ヴォヴァンとレクサス」の仕業です。ドゥダ大統領が騙されるのは初めてではなく2020年にグテーレス事務総長に扮した彼らと話しています。このコンビはルカシェンコ大統領、ポロシェンコ大統領、エルドアン大統領、ジョンソン首相、マクロン大統領へのイタ電にも成功しています。また政治家だけではなく、エルトン・ジョンにもプーチン大統領に扮してイタ電しました。今回の戦争が始まってからもシュミハリ首相に扮してウォレス国防相へのイタ電に成功しています。音声を聞きましたが「強いロシア語訛り」はどうでしょうか。比較的きれいな英語で話しているように思えます。個人的には、素で話している各国首脳の声や話し方が聞けるのでありがたいのですが、彼らが容易く各国首脳にコンタクトできることから、ロシアの情報機関との関係も噂されています。日本にもかかってくるかもしれないので警戒が必要です。

コメント記事：「偽者の仏大統領と『電話会談』 着弾の日、実はロシア人―ポーランド大統領」

2022年11月23日　時事通信

この芸人は2015年9月にイギリスの歌手エルトン・ジョンが性的少数者（LGBT）の権利についてプーチン大統領と話し合いたいと語った翌日に電話をかけます。絶妙なタイミングで、エルトンは真に受けてしまい、「インスタグラム」にプーチン大統領からの電話に感謝するメッセージを掲載しました。

ペスコフ露報道官が電話を否定しプーチン大統領の謝罪の意を伝えますが、その後、今度は本物のプーチンがエルトン・ジョンに電話します。駐英ロシア大使を通じての電話だったそうですが、なかなか信じてもらえなかったそうです。

⑧⑤ 普通になりつつあるロシアの「反日情報キャンペーン」

ややや煽り気味のオセチキン情報の信ぴょう性はともかく、最近ロシア連邦保安局FSBが「機密を解除」して「反日情報キャンペーン」を始めているのは事実です。9月末には露外務省付属外交アカデミーで「日本の軍国主義の犯罪」と題したシンポジウムも開催されています。スパイ組織の露対外情報庁ナルイシキン長官は、なんとロシア歴史協会の会長です。同氏は2014年頃から広島・長崎への原爆投下を米国による「人道に対する罪」だと言い始めました。その意図は日米分断にあります。露のウクライナ侵攻の理由の一つは「非ナチ化」ですが、6月には沿海州FSB史料館が機密解除し、満洲で「日本軍の支援を受けたウクライナ民族主義者」の史料を公開しました。露としては「ウクライナのナチを日本の軍国主義者が支援した」というストーリーに持ち込みたいようです。史料自体は僕がずっと見たかった物ですが、残念ながら入国禁止なので見ることができません。

コメント記事：「ロシアはウクライナでなく日本攻撃を準備していた…FSB内通者のメールを本誌が入手」2022年11月25日　ニューズウィーク日本版

２０２３年1月27日、ロシア外務省のマリア・ザハロワ報道官によって以下の内容が明らかにされました。

「ロシア連邦最高検察庁は、日本国民（秋草俊、瀬島龍三、峯木十一郎）の名誉回復に関する以前の取決を取り消す決定が２０２２年に下されたことを公式発表した。戦時中、これらの人物は軍事諜報機関のトップを務め、ソ連に対する破壊活動に参加した」

この中でスパイ活動の経歴があるのは秋草のみで、峯木は「樺太の戦い」でソ連軍に抗戦、瀬島とともにシベリアに長期抑留されました。いずれもソ連末期に「名誉回復」されましたが、また「戦犯」とされました。もうロシアでの「歴史解釈の変更」は普通のことなのかもしれません。

㊏ 外務次官に栄転したガルージンとの「香ばしい」思い出

彼と初めて会ったのは15年ほど前、やや香ばしい個人的なエピソードは書きませんが、経歴は異色です。ソ連崩壊後の歴代5人の駐日ロシア大使は全員ロシア外務省付属モスクワ国際関係大学MGIMOの出身です。彼の出身はモスクワ国立大学群アジア・アフリカ諸国大学ISAA（イサー）です。その意味では露外務省の主流からは外れていますが、在学中に日本に留学（創価大）しました。IAASの学生は2、3年生になると専門を選ばされますが、僕が会った中でも日本の近世初期の古文書が読める学生もいて非常に優秀です。日本と違い露外務省に「次官」は10人前後、それぞれ担当があり、どちらかといえば「大臣補佐」的役割です。「ジャパン・スクール」だったパノフ大使は次官を経て、駐日大使になった事例もあります。2月24日以降、別人のようにロシアのプロパガンダを能面のような顔で語ったガルージンは今後どのようなキャリアを歩むでしょうか。

コメント記事：「ロシア外務次官にガルージン氏、元駐日大使・日本語も堪能」２０２２年11月27日　読売新聞オンライン

こう言ってはなんですが僕を入国禁止リストに入れて「売る」ことでポイントを稼ぎ（まあそれだけでないですが）、ロシア外務省次官に栄転したんですから少し書かせてください。

彼と出会ったのは2006年。都内でとあるパーティに出ていたところ、怪しげな外国人が、当時人気のタレントさんをナンパしようとしていました。全然相手にされず、隣の女性をナンパし始めたのですが、その方が戸惑っていたので、僕が割って入ると、「ど、どーも、ガルージンと申します。ロシア大使館参事官です」というのが彼との出会いです。女性との噂が絶えなかった彼の懐かしい、そして「香ばしい」思い出です。

㊇ プーチン演説から垣間見えるロシアのLGBT嫌悪

モスクワ大学に留学していた1997年、「シャンス（英語のチャンス）」という名前のゲイクラブ（ディスコ）が公に営業していました。エリツィン政権で国家運営は無茶苦茶でしたが、自由な空気がありました。一方、ロシアは「ホモフォビア」すなわち同性愛など性的少数者嫌いが非常に根強い国です。それが指導層の言葉の端々にも出てくるのですが、例えば、プーチン大統領が9月30日のウクライナ4州の占領地域併合宣言を発したときは、その演説の後半で「われわれの学校の低学年から堕落と絶滅につながる倒錯を子どもに押し付けるのを望むだろうか。女性と男性とは別の、何らかのジェンダーがあるかのように頭にたたき込み、性転換手術を勧めるために」と本来の演説目的とまったく違うLGBTヘイトをさらっと口にしています。プーチンの演説はロシアの様々な層の考えを切り貼りする傾向がありますが、社会の一定層はこのように考えていることが窺えます。

コメント記事：「性的少数者規制、上院も承認　ロシア」２０２２年11月30日　時事通信

このクラブに行ったきっかけは、パキスタン人のルームメイトが「男性が入場無料のクラブがあるらしい」と言いだしたことでした。そんなわけはないと思って彼と一緒に行ったところ、本当に無料で、バースペースは一面ガラス張りの水槽で熱帯魚が泳いでいました。ロシア語がまだ下手で、最初はそこが同性愛の人が集まる場とは全く気づきませんでした。そこで初めて聞くロシア語も多く、若者から「ナルコーチクはいるか」と言われ、何のことかわからず、あとで辞書を引いて麻薬のことだと知りました。

ただ、今となって感じるのは、無茶苦茶なエリツィン時代だけど自由に満ち溢れていたことです。そのエリツィンがどうして20名もの候補の中からプーチンを選んだのか、生きていたら聞いてみたいです。

⑱ かつての激論が時を経て「キエフ」を「キーウ」に変えた

トップ10入りした「キーウ」ですが、受賞者で、ウクライナ研究会の副会長を務め、日本におけるウクライナ語学の権威である中澤英彦先生が長年提唱されてきたものです。当会が2019年9月に開催した「ウクライナの地名のカタカナ表記に関する有識者会議」で指針を決めました。同年7月ウクライナ外務省の公開書簡に基づいて、同国駐日大使館から「ウクライナの地名はウクライナ語に基づくべきだ」との問題提起があり、ウクライナ研究会主催で政官学の関係者が一堂に会し日本語におけるウクライナの国名・地名の表記について議論しました。僕は座長を務めさせていただき、その場でも中澤先生が原案をお示しになりました。指針を決めておいたのでウクライナ支援策の一つとして、ウクライナ語読みに近いカタカナに変更する際も大きな混乱はありませんでした。2019年の会議の準備は大変な作業だったのですが、日宇関係の深化に寄与できたと思います。

コメント記事：「今年の『流行語』年間大賞は『村神様』トップテンに『ヤクルト1000』『宗教2世』など」2022年12月2日 ABEMA TIMES

この時は気づきませんでしたが、結果的に、この会議は、一国の首都の名前のカタカナ表記を変えてしまいました。激論の末、歴史的な成果を残した12名を記しておきます（肩書は当時）。

森英介（日本ウクライナ友好議員連盟会長・衆議院議員）、ユーリィ・ルトビノフ（ウクライナ大使館公使参事官）、ビオレッタ・ウドビク（ウクライナ大使館2等書記官）、松平翔（外務省中・東欧課主査）、黒川祐次（元駐ウクライナ日本国大使）、天江喜七郎（元駐ウクライナ日本国大使）、パブリー・ボグダン（富山国際大学准教授）、ユリヤ・ジャブコ（茨城キリスト教大学講師）、平野高志（ウクライナ国営通信社ＵＫＲＩＮＦＯＲＭ：オンライン参加）、岡部芳彦（ウクライナ研究会会長、神戸学院大学経済学部教授）、中澤英彦（ウクライナ研究会副会長、東京外国語大学名誉教授）、原田義也（ウクライナ研究会）

⑧⑨ 日露武道交流イベントで「キレた」プーチン

第2回若手研究者会議上での発言ですが、参加の若手研究者の緊張感にくらべ、リラックスした雰囲気のプーチン大統領が発した言葉です。同発言の前後、また同会議のほぼ全編を見ましたが、ネイティブスピーカーでない僕にはロシア人特有のニュアンスまで分からないにしても、ネガティブな発言には聞こえませんでした。カムチャッカを中心に国内の地震観測所についての質問に対し「私の日本との関係はすべて柔道の稽古（直訳：闘い）を通じて成り立っています（小笑）でも、私の意見では、日本にはそのような（観測）局が数千あり、一方、我々には全国に300～350あります」と答えています。日本から制裁を受け政治・経済の関係が断たれた現在を指した皮肉というより、プーチンにとっての「日本」はやはり柔道なんだなとは感じました。であるとすると今こそ、これまで何もして来なかったプーチン大統領と繋がりのある柔道関係者の出番ではないでしょうか。

コメント記事：「プーチン大統領『日本との関係は柔道に限定』」２０２２年12月2日　ＡＮＮ

２０１５年3月に国会内で山下泰裕さんのご講演をゼミ生と一緒に聞いたことがあります。その時お聞きした話では、たしか、ＡＰＥＣ（アジア太平洋経済協力会議）の直前の２０１４年11月9日にモスクワで開かれた日露武道交流イベントでのエピソードをご紹介されました。

参観している高村正彦元外相と山下さんの前にプーチン大統領がサプライズで現れました。友好ムードたっぷりに談笑していたプーチン大統領が急に、ロシアのクリミア強制併合に対する日本の制裁について「言ってることとやってることが違うだろ！」と凄い剣幕で責めたてたそうです。

思えば、もうこの時から日露関係はあまりよくなかったのかもしれません。早く気付くべきだったと反省しています。

⑨⓪ ウクライナの「内通者」は侵攻前に逃亡していた

英王立防衛安全保障研究所RUSIは、ナポレオンをワーテルローの戦いで破ったウェリントン公爵が創設した世界で最も古い安全保障シンクタンクです。5章立て65頁に及ぶレポートは2月の開戦から7月までが分析対象です。ウクライナ最高会議（国会）議員で、国家安全保障・防衛・情報委員会第一副委員長も務めるミハイロ・ザブロツィキー中将ら宇人2名を含む4名の共著です。ザブロツィキーは軍籍を持ちながらポロシェンコ前大統領率いる野党議員ですので、ゼレンスキー政権寄りではなく、比較的公平な視点から書かれています。一方、ウクライナ軍の損失や戦術の分析は、運用上の安全性、つまりロシア側に情報が漏れないため「将来の適切な時期」となるとも述べています。結論は、この戦争では「よくある見込み違い、不確実性、人的ミス」が目立つと結ばれています。これらは日常でも起こりがちで、この戦争から我々も学ぶ事が多いのではないでしょうか。

コメント記事：「ロシア『10日で制圧』失敗　ウクライナにも誤認　英報告書」２０２２年12月４日　時事通信

戦争が始まった直後、プーチン大統領は国家安全保障会議で、ウクライナ兵士に「その手で権力をつかめ」と、ゼレンスキー政権に対するクーデターを呼びかけました。当時は、ロシアの特殊部隊がウクライナ軍の軍装などで浸透する「偽旗作戦」の準備かとも言われましたが、ロシア側はウクライナ軍や情報機関内部に内通者を確保しており、その呼応を期待していたのかもしれません。

ただ、ロシアに内通していたSBU幹部などは、前もって侵攻の情報を聞くと、「バカンス」などを理由に早々と国外逃亡した例もありました。お金で買収したウクライナ当局者を信用したのであれば、結局「ロシア人はやっぱりウクライナのことをまったくわかってなかったのね」と思います。

⑲1 浮き彫りになってきた「ドローン戦争」の実態

10月末にクリミアのロシアの黒海艦隊艦艇が攻撃されました。露国防省によれば7隻の水上ドローンによる攻撃で、それに先立つ9月末には真っ黒な謎の水上ドローンがセバストポリ軍港付近に漂着しています。ウクライナ軍は公式にはドローン攻撃を認めていませんが、宇政府が水上ドローンを製造するために立ち上げたクラウドファンディングサイトではほぼ同じ外観の図が掲載されており、その宣伝文では「10月29日にドローンがロシアの艦艇を攻撃した」と関与を匂わせています。10月中旬にはウクライナ防衛産業公社ウクロボロンプロムがフェイスブックに75キロの弾頭を搭載し1000キロの航続距離を持つドローンの完成が近いと発表しています。今、日本では国家安全保障戦略など安保関連3文書の改定にむけ「敵地攻撃能力の保有」が議論されていますが、宇のドローンによる自国攻撃の拠点への攻撃は、実例として注視すべきではないでしょうか。

コメント記事：「ロシア国内の空軍基地にドローン攻撃か　ウクライナ軍が関与を示唆」2022年12月6日　日テレNEWS

今回の戦争は、情報発信では「スマホの中の戦争」であるとともに、軍事技術では「ドローンの戦争」と言えます。ネット空間ではウクライナ軍や市民団体によって、塹壕に潜むロシア軍兵士が小型ドローンが吊り下げた小型爆弾によって攻撃される映像の公開も続いています。

日本でも知られる市民団体「アエロズヴィドカ」（空中偵察者）は今回の戦争の前から存在し、東ウクライナのロシア系武装勢力の偵察などを行ってきました。現在は、ウクライナ軍と密接な関係ですが、「市民団体」の法人格は変わっていません。これまでウクライナ社会はこういった分厚い市民社会に支えられ、「ボロンテル（＝ボランティア）」という言葉も定着しています。

㊷ 日本製品の支援で「本当に喜ばれたもの」

きっかけは10月29日に開催された小西隆紀県議会議長の議長就任報告会での一言です。小西議長・僕と、ウクライナから9月に来日された神戸学院大学客員教授のナディィヤ・ゴラル先生で鼎談しました。その時、ナディィヤ先生がお母さまに使い捨てカイロを送ったところ、初めて見て非常に便利でありがたいと喜ばれた、電力のないウクライナに送ると役立つのではと話されました。それを聞いておられた丹波篠山市の酒井隆明市長のイニシアティブで同市を中心に、兵庫県庁のご協力もあって、募金が始まり、多くの市民の皆さんのご支援で実現しました。ウクライナの方の一言が、本当に必要とされる支援につながる「歴史的場面」を見た気がしています。

コメント記事：「ウクライナへぬくもり届け　募金257万円でカイロ15万個支援へ」2022年12月7日　毎日新聞

２０２２年9月にナディィヤ先生が着任してからというもの、方々から講演や省庁・自治体・公共団体から現地情勢の聞き取り依頼が殺到しました。自分にしか伝えられないことがあるのではと思われて一つ一つにご丁寧に対応されていました。

一方、市民の皆さんから戦争が始まって寄付以外に何かできないだろうかとの声を多く聞きました。

実は今年のヨーロッパは全体的に寒さが厳しくなく、そしてウクライナも例年にない暖冬でした。ただ日本の皆さんから送られた「使い捨てカイロ」の一部は前線のウクライナ兵にも届いたようで、そこに込められた強い思いは必ずウクライナの人たちに届いたと思います。

⑨③ 米バスケ選手と「交換された」武器商人は映画のモデル

この件についてロシアのマリア・ブティナ議員は「露の勝利で米国は降伏だ」と述べていますが、彼女もスパイ容疑でアメリカで捕まりました。米国に留学して全米ライフル協会を入口に、ときに性的な関係を使って米政界工作を図ったとして2018年に逮捕・収監されます。露に強制送還後、改めて無実を訴え2021年には統一ロシアから下院議員に選出されています。露国営放送は、ブートが、迎えに来た顔にモザイクのかかった2人の男に歓迎されている場面を放映しています。記事にある「いつも煽り気味」のオセチキン情報ですが、秘密情報を漏らす可能性があったとしても2008年から捕まっていたことを考えると釈然としません。またブートは元KGB将校説もある一方、その経歴は到底優秀とはいえません。そこまでして女子バスケットのスターと表面上は露政府と関係ない悪名高き武器商人をロシアが交換したかった理由も分かりません。永遠の謎でしょうか。

コメント記事：「ロシアで拘束の米女子バスケ選手、『死の商人』との身柄交換で解放」 2022年12月9日　BBC News

ニコラス・ケイジ主演の米映画『ロード・オブ・ウォー』(2005年)という映画はご存じでしょうか？　武器商人が主役で、そのモデルの一人と言われるのがビクトル・ブート(1967年〜)です。

元ソ連軍通訳将校のブートは、1990年代から世界各地の紛争地域へ武器を売りさばきます。2008年にタイで逮捕され、2011年にはニューヨークの裁判所で有罪判決、以後14年間収監されます。ロシアに戻ったのち、ロシアの体制内野党で極右勢力の自由民主党のスルツキー党首から党員証を受け取り、今年に入って「ドネツク人民共和国」のプシーリン首長とも会談しています。もしかすると政界進出もあるのかもしれません。様々な裏社会の情報を知る彼が無事生きていればの話ですが……。

⑨④ 国民が情報を遮断されることのリスク

２０１４年の東ウクライナにおけるロシアの侵略は、テレビ・ラジオ放送局の占拠から始まったといっても過言ではありません。同年４月27日、覆面をした謎の男たちに先導された市民が放送局に雪崩れ込む様子を収めた写真も残っています。その後放送はロシア国営ニュース専門テレビ「ロシア24」に切り替えられてしまいます。４月下旬でもウクライナ政府支持の大規模デモがまだ東部でもあったのですが、高齢化地域でもある同地域では、テレビ・ラジオを押さえられると、またたくまにロシアによる偽情報が拡散、信じる人たちが続出しました。その苦い教訓もあり、それ以後、ウクライナではＩＴ化が進み、現政権では「スマホの中の国家」戦略と銘打った政策を推し進め、国民をロシア側のプロパガンダ攻撃から守ってきました。ＳＮＳでの世論工作を通じた攻撃に対する研究は重要ですが、国民が情報から遮断されるリスクに対する備えも必要ではないでしょうか。

コメント記事：「防衛省、世論工作の研究に着手　ＡＩ活用、ＳＮＳで誘導」２０２２年12月9日　共同通信

ウクライナのラーダ（国会）チャンネルで放映の「団結ニュースマラソン」出演時の筆者

戦争が始まってウクライナでは公共放送・民放5局が協力して「団結ニュースマラソン」と題して24時間絶えず統一ニュースを放映しました。報道の自由の観点から賛否もありますが、2014年のロシアの情報操作の教訓から「制限」ではなく「必要不可欠な措置」との評価が多くみられます。

僕も何度か出演しましたが、特に発言に制限もなくフェアな印象を受けました。

⑮ ウクライナにおける徴兵逃れの実態

ウクライナの「徴兵制度」に着目してみると興味深い側面が見えてきます。今年2月1日、ゼレンスキーは「国家の防衛能力を強化・宇軍における兵役の魅力アップ・プロの軍隊へと段階的に移行するための優先措置」という大統領令に署名しました。内容は段階的に徴兵制を縮小し2024年1月1日には無くす予定でした。つまり彼や現政権はまったくロシアの侵攻を予期していなかったことが分かります。露政府や日本の一部研究者が宇国が先に戦争を始めた「2月16日開戦説」を主張しますが、戦争を始める国が徴兵制度を廃止するわけもなく、全くのデタラメだと分かります。宇国では病気のほかに大学院進学、教員、3歳未満の子供を持つ親など様々な免除要件があります。ロシアは手当たり次第の動員を行って社会の混乱が見られました。記事の事例は「悪用」ですが、戦時下の宇国では露国と違って、まだ徴兵免除の要件が守られている事も垣間見えます。

コメント記事：「ウクライナで徴兵逃れ横行　『富裕層にあっせん』」　2022年12月9日　共同通信

9月9日は僕の誕生日なのですが、2022年のこの日、ゼレンスキー大統領はフェイスブックで「ウクライナの女性は、男性と同じレベルで、祖国の大地を守り、最も困難な課題を遂行している。私たちの軍は、最も女性の多い軍の一つであり続けている」と発信しました。

2014年のマイダン革命後、最高会議（国会）議員における女性比率も上がりましたが、東ウクライナで紛争が始まってから女性兵士も増加します。ジェンダーイクオリティ（平等）が高まったとも言えますが、経済的な背景があるとの指摘もあります。なお、現在のウクライナの副首相4名中の3名が女性です。

⑯ なぜロシアの戦死者数がわかるのか？

どうやってこんな数字が分かるのかとおもわれるかもしれませんが、公開情報にくわえて独立メディアと組んで、そのチームが各地の墓地などを巡ってコツコツと集めた情報に基づいた数字です。ウクライナに近いクラスノダール地方の戦死者が一番多い一方、2位はダゲスタン、3位はブリヤートと少数民族が続きます。ロシアの人口の9％であるモスクワ付近からは54名の戦死者しか確認できなかったそうです。しかし戦死者の大半はロシア人で、少数民族が差別をされているわけでもなく、どうやらその戦死率が高いのは、ロシア国内の地域間格差によるもので、貧しい地方では軍務が安定した収入を得る手段だからと結論付けています。意外にもロシアのテレビでは戦死者や彼等の葬儀のシーン、また墓標が映り込んだり、英雄として名前が紹介されています。戦意高揚のためある程度の「情報公開」は仕方がなく、それをコツコツ集めた結果の記事と言えます。

コメント記事：「ロシア戦死者1万人の名前確認　動員兵4百人、ＢＢＣ調査」２０２２年12月10日　共同通信ロシアの「特別軍事作戦」は「少数民族と貧者の戦争」と言っても過言ではありません。ブチャの虐殺を行ったとされる第64独立親衛自動車化狙撃旅団の兵士の写真が流出しましたが、顔は日本人にも似たアジア系のブリヤート人やヤクート人などが中心です。ロシア連邦を構成する少数民族の共和国では不満が高まっており、10月27日、人口27万人のカルムイク共和国では「オイラト・カルムイク人民会議」が独立を宣言し「ウクライナでの非常識な大虐殺に参加すべきではない」としています。370万人近いタタールスタン共和国でも不穏な動きもあり、「ロシア連邦の再編」つまり崩壊もないとは言い切れないのかもしれません。

⑨⑦ ゼレンスキー訪米時の「軍服姿」はチャーチルを真似たのか？

実はこの訪米の日程選びはなかなか深く、またよく考えられた背景があります。今から81年前の1941年12月22日、バトル・オブ・ブリテンに勝利したウィンストン・チャーチル首相は、戦艦デューク・オブ・ヨークに乗ってワシントンに到着し、ルーズベルト大統領と秘密裡のアルカディア会議が始まりました。真珠湾攻撃直後でしたがルーズベルトは欧州で打倒する相手をナチス・ドイツとしました。また、欧州戦線での軍事的資源の一体化運用や米英蘭豪（ABDA）司令部の設置も話し合われます。実は戦勝に沸く日本の知らぬところで連合国の戦後処理構想が始まっていたのです。東ウクライナの激戦地バフムトからのゼレンスキー訪米はこれを彷彿とさせ、軍事援助の強調や支援の依頼以上に今回の「宇露戦争」の戦後に向けた象徴的な訪米としたいウクライナ政権側の意図も見て取れます。やはりゼレンスキーはチャーチルに自身を重ねているのかもしれません。

コメント記事：「ゼレンスキー大統領、21日に訪米　バイデン大統領と会談へ」２０２２年12月21日　日テレＮＥＷＳ

「軍服姿」のチャーチル（左）（写真：Wikipedia）

イギリス議会でのオンライン演説でもチャーチルの言葉を引用したゼレンスキーですが戦争が始まってはじめての外遊先は、チャーチルのようにやはりアメリカでした。ゼレンスキーがいつものミリタリーウェアでバイデン大統領と会談したり、上下両院で演説したことに対して、米保守系メディアから無礼だとの声も出ました。

しかし、実はチャーチルもミリタリー調の略服で訪米しており、歴史に対する無知をさらけ出す結果となりました。もしかして、これもゼレンスキーの広報チームの狙い通りでしょうか？

⑱ 戦時下でゼレンスキーはどのようにして外国訪問をするのか？

今回の訪米では、「どうやってゼレンスキーの安全を確保するのか」に相当な気を使ったことが分かります。ポーランド南部の駅に列車で到着した時の映像は英紙ＳＵＮなどによって放映されていますが、ブリジット・ブリンク駐ウクライナ米国大使が同行しています。ゼレンスキーが飛び立ったジェシュフ・ジャションカ空港はウクライナ向けの支援物資や武器の集積拠点で、３月上旬にアメリカは「予防的措置」として、パトリオット地対空ミサイルシステムを空港に展開させており安全が確保されています。ゼレンスキーが搭乗したのはアメリカ空軍が運用するボーイングＣ－40Ｂ政府高官輸送機です。この輸送機は、米副大統領を含む米国内外を移動する政府高官によって使用されていますが、ロシアも相手が「アメリカ軍機」ではさすがに手も足も出なかったのではないでしょうか。

コメント記事：「バイデン氏がゼレンスキー氏と会談、パトリオット供与など支援確約」２０２２年12月22日　ロイター

ZZ178から降りてきたゼレンスキー大統領を出迎える英・スナク首相
（写真：Ukrainian Presidential Press Service／ロイター／アフロ）

２月８日に訪英した際には、イギリス王立空軍C－17輸送機（機体番号：ＺＺ１７８）に乗って、ポーランドのジェシュフ・ジャションカ空港からロンドンのスタンステッド空港まで飛来しました。

ロシアによる攻撃や不測事態に備えてのことですが、もし日本に来る機会があればどの国のそしてどんな航空機で来るのでしょうか。政府専用機か自衛隊機で来てほしいですね。

⑲ 長崎に残る「ソ連」と安保理常任理事国としてのロシアの正当性

実は長崎に「ソ連」がいまだにあるのはご存じでしょうか？　ロシアがソ連の後継国家として国連の安保理常任理事国だというのは、いつの間にかできたデファクトスタンダードで、その根拠はやや不明確です。1991年ソ連崩壊後、当時のエリツィン大統領がソ連の後継国家であると宣言、なんとなく安保理で受け入れられました。1971年中華民国（台湾）から中華人民共和国に常任理事国を変更された際は、いわゆる「アルバニア決議」によって総会で討議・決議されています。ソ連崩壊後、世界各地の旧ソ連資産を巡ってトラブルが多発し、旧ソ連構成国と資産分割で合意しますが、最後まで争ったのはロシアとウクライナです。日本では、ロシア大使館は永らく「ソ連の資産」のままで、長崎市南山手町の旧居留地には「ソ連」名義で登記された約1500平方メートルもの土地もあります。そう考えると安保理の椅子にロシアが座っている正当性も怪しげに見えてもきます。

コメント記事：「国連からロシア追放を　『常任理事国』剥奪も呼び掛け　ウクライナ」2022年12月27日　時事通信

ただし、ソ連崩壊後、なぜこんなにロシアがスムーズに旧ソ連資産の継承をできたのかというとエリツィン大統領の決断が背景にあります。

旧ソ連の約700億ドルにもおよぶ膨大な債務をすべて引き受けたからです。今回の戦争が始まってウクライナ側は3割の旧ソ連資産の返却を求めましたが、ザハロワ報道官はロシアがソ連の債務を返済した事実を強調しました。最後の返済は2017年8月。ボスニア・ヘルツェゴビナに対して未払い商品の代金約1億3000万ドルを支払い、完済しました。

⑩⓪ 2024年で注目すべき「3月17日」と「3月31日」

世界が一変した2022年が終わり、2023年になりました。今年のロシア・ウクライナの注目点として覚えておきたいのが、早ければ年後半に両国とも大統領選挙が始まり、2024年3月には投票が行われる事です。露の選挙法に従えば第一回の投票は2024年3月17日（日曜日）の予定です。連邦院（上院）が投票日の90日前から100日前までに選挙実施を決定し、早ければ今年の末には選挙戦が始まります。2020年の憲法改正で「リセット」され、プーチン大統領は、新規定下の一度目の立候補ができます。ウクライナ憲法の規定では現職大統領任期の5年目の3月の最終日曜日に投票が行われるとされ、第一回投票は2024年3月31日、過半数の得票がない場合の決選投票は4月21日です。一方、憲法の規定で戒厳令下の選挙はできず、戦争の行方次第で延期の可能性もあります。いずれも世界を左右する選挙です。

コメント記事：「『追加動員』発動？　国民意識が急変……2024年大統領選挙に向けプーチン大統領の〝苦悩〟」2022年12月31日　時事通信

本来であれば2023年はウクライナでは「政治の季節」です。どの政党が選挙に勝つのか、次の大統領はどの候補になるのかを見極めながら虎視眈々と次の政権誕生を、声を潜めて待つわけです。僕はウクライナに関わってから大きな政権交代を3回経験しました。

最高会議議員については毎回ほとんど再選せず、7~8割交代します。その議員にくわえて政権の最後の年は、その権限を最大に生かしてポストなどのバラマキが起こります。政権が交代しても、政治任用の大使や各省庁幹部に前政権の関係者が残るため、政権交代後しばらくすると入れ替え作業を行うのがウクライナ政界の定石です。

⑩ ロシア人にとっても重要な元日に打ち上げられたロケット砲

ロシアのテレビでは現地の映像が放送され、現場の建物が跡形もなく崩れ落ちているのが分かります。年越しで行われるプーチン大統領の新年の挨拶を聞くために集まっていたとも言われているのは露南東部のサマラ州とサラトフ州を中心とする部隊の兵です。自称「ドネツク人民共和国」情報当局者によると、露兵らが携帯電話を頻繁に使ったところ、宇軍に電波を特定されハイマースで攻撃されたそうです。被害を受けた、あるいは連絡がつかない事に不審に思った兵士家族が、1月2日にサラトフ州ブサルギン知事に真相を明かすよう要求、またサマラ州アザロフ知事が地方メディアで発表した声明で、SNS上にデマが流れているとしつつも「負傷者への治療に包括的な支援」を約束した事からかなりの被害が出たことが分かりました。その後、露国防省から63人の死亡が発表されました。被害が大きすぎ兵士家族・親族らを抑えきれず公式発表となったのではないでしょうか。

コメント記事：「ハイマースでロシア側63人死亡　大みそか、軍批判も」２０２３年１月３日

共同通信

ロシア人にとって新年は非常に大事な祭日です。例年、ロシアの新年には大都市では打ち上げ花火があがります。しかも年が明けた瞬間の夜中に上がるので知らないとビックリします。0時の前にはテレビでプーチン大統領の演説があり、その後カウントダウンが始まり、外では打ち上げ花火があがるといった感じです。

ウクライナの戦線にいたこのロシア軍人たちも普段と同じ感覚であったのかもしれません。家族、恋人などに新年のメッセージを伝えるべく電話している最中に打ちあがったのは花火ではなく、ウクライナ軍が放ったロケット砲でした。

来年の新年には同じことを繰り返さぬよう早くロシア軍がウクライナの地から撤退することを願ってやみません。

⑽ 若いブダノフ少将が大統領に信頼される理由

日本でも知られるキリロ・ブダノフ少将の新年最初のニュースなので、経歴を簡単に振り返っておきます。オデッサ陸軍士官学校を卒業、情報総局特務部隊に配属、２０１４年からの東部での戦闘にも参加、いくどか負傷します。露当局によると16年8月にクリミアで、宇軍特殊部隊の攻撃があり、ブダノフが参加していたと言われています。21年に36歳の若さで最年少の将官（准将）の一人に、露宇戦争が始まって少将に昇進します。8月には彼の暗殺未遂も発覚し、また10月のクリミア大橋の爆破を主導したとも言われています。彼が大統領に信頼される理由の一つはソ連時代に軍務についていないことです。実はこの戦争が始まって宇保安庁ＳＢＵの地方幹部などの多くが逃亡し、ロシア側と内通していた事が分かります。ソ連時代からの人間関係などが背景にありますが、彼ら若い世代には全くありません。これは現在のザルジニーなど宇軍高官にも共通しています。

コメント記事：「春に対ロ大規模反攻か　情報局長『戦闘激化へ』」２０２３年1月5日　共同通信

ブダノフ少将の凄まじく早い昇進ですが、実はウクライナ軍には明文化されていない階級昇進の慣習があると複数の上級将校から聞いたことがあります。軍功を挙げた際に、功績を讃える勲章か、昇任のどちらかを上官から聞かれ、選んだほうをある程度尊重する習わしです。

30代前半の若い大佐をちらほらみかけるのはそのためで、彼らはひたすら階級を希望したと思われます。逆に正装すると彼らの胸に付けられている勲章が少ないそうです。たしかに勲章授与式などの写真を見ると、勲章の横に奇麗に包装された階級章が置かれているのも見かけ、両者の扱いが同じことがわかります。

⑩③ ウクライナにはクリスマスが2つある

ウクライナには正式にはクリスマスが2日あります。2017年に宇最高会議は12／25と1／7の両日を祝日に定めています。長年の慣習から1／7を祝う人が多かったのですが、2014年以降、各種世論調査では12／25派が増え始め今回の戦争以後は逆転しています。昨年12月中旬、露のペスコフ報道官は「(12月の) クリスマス休戦は政治課題にない」と停戦を否定、露軍は12／24と25にヘルソン地域を砲撃し11名あまりが死亡しています。地元住民が多く集まる場所が狙われたとも言われています。今回の露の停戦提案で注意すべきなのは露正教会キリル総主教が言い始めた事です。「1／7のクリスマス停戦」自体が「ルースキーミール（ロシア世界）」の暦や習慣を悪用し、宇でも意見の分かれる事案を使った情報戦・分断作戦とも見ることもできます。ロシア文化やロシア化によるウクライナ支配は帝国・ソ連の約300年の支配で採られた定石です。

コメント記事：「プーチン氏、6日から36時間の停戦指示　ウクライナ『占領地撤退が先』」2023年1月6日　ロイター

ロシアや旧ソ連と共通する休日や記念日をどうするかは今のウクライナにとっては悩ましい問題です。

この宗教祭事だけではなく、その一番大きな問題は、かつて旧ソ連諸国で一番の祭日であった5月9日の対独戦勝記念日です。時差の関係でドイツが降伏したのが、欧州では5月8日、ソビエト・ロシアでは5月9日です。2014年にロシアによる最初の侵攻を受けたウクライナでは翌年から大統領令によって、5月9日ではなく、5月8日を「追悼と和解の日」とし第二次世界大戦が終わった日と定めました。実はそれ以降も、以前と同じく5月9日に戦死者や従軍者の遺族が墓標や記念碑に花を供える光景は見られたのですが、今回の侵攻を機に2022年は5月8日にお参りするのを変えたという人が多々見られました。

⑩④ 宗教面でも進む「脱露」

ウクライナにはつい最近まで3つの正教会（キーウ系・モスクワ系・独立系）と東方典礼教会（カトリック）がありました。かつて歴代大統領は1／7のクリスマスには各教会を梯子して挨拶をしていました。記事にある修道院は1990年にはユネスコ世界遺産の一部として登録されます。大修道院はそれまでモスクワ系施設として使われていて、博物館のような国立施設と国からの賃貸契約でモスクワ総主教庁系が使用する宗教施設が同じ敷地に併存する事になりました。2014年以降、モスクワ系聖職者がロシアとの戦闘で戦死した兵士の追悼を拒むなどの影響で信徒数が激減。ユダヤ系のゼレンスキーは信仰の自由に触れるため正教会問題にあまり触れてこなかったのですが、以前からモスクワ系教会が露諜報機関の拠点という指摘もあり、また今回の戦争後もロシア賛美のミサの模様がSNS等に出回った事もあり昨年末、宇文化省が賃貸契約を延長しないことになりました。

コメント記事：「旧モスクワ系の修道院でミサへ　宗教の『脱露』象徴」２０２３年１月６日
産経新聞

キーウ総主教庁（キーウ系）の指導者フィラレート総主教

永らくウクライナ正教会のロシアからの「独立運動」をしてきたキーウ総主教庁（キーウ系）の指導者フィラレート総主教とはたびたびお会いしています。

初謁見は２０１２年。70年代に日本に来たこともある総主教は「プーチンは悪魔に憑りつかれている」といった政治的発言も多いです。２０１８年にモスクワ系以外が統合して新生ウクライナ正教会が設立されると名誉総主教になりました。

⑩⑤ 外れてほしい戦争長期化の予想

同番組でコメントした一人ですが、期せずして3人とも同じような見通しとなりました。長期化予想の理由としては、ロシアは2014年2月以降、クリミア併合、東ウクライナでの公然の秘密戦争を8年間続けてきたことが一つです。2015年後半からはシリア政府を支援して軍事介入を行いました。2016年7月のアレッポへの攻撃は「人道回廊」を設けたもののほとんど機能せず、徹底した空爆を行い都市を破壊しました。今回のウクライナでの戦争と全く同じやり口で、いわば人命を軽視した「予行演習」とみる事もできます。ウクライナでは8年間にわたりロシアとの戦争が続いていた意識はありますが、露国民の間ではほとんどありません。もう一つの理由はロシアを刺激しない程度に抑えられた西側の軍事援助のやり方があります。一方、最近、ポーランドの首相や国防相らから最新の戦車を含めた強力な軍事援助を足並みを揃えて行うべきとの意見も出始めています。

コメント記事：「ウクライナ侵攻10カ月　戦争はいつ、どうすれば終わるのか　軍事専門家が『2～3年で終われば早い方』とみるその理由は【大阪発】」2023年1月8日　FNNプライムオンライン

こちらは関西テレビ「報道ランナー」でコメントした際の記事が元になります。今回の戦争が始まってから日本では、国際政治やロシアの軍事などが専門の、新しい、そして優れた論者がメディアで活躍しています。ウクライナ研究会の副会長でもある東野篤子先生をはじめとする国際政治学者の方々や小泉悠先生にくわえ、ここでコメントされた高橋杉雄先生はじめ防衛研究所の方々の正確な戦況の分析も、この戦争だけではなくウクライナという国を理解する上で非常にありがたかったです。

また、Ｔｗｉｔｔｅｒなどネット上も活躍される在野の研究家による高いレベルの発信も見られます。一方、僕だけではなく、優れた専門家の皆さんが一致して、この戦争の長期化を予想しています。今回ばかりは僕も含めて予想が外れてほしいのですが……。

⑯「ロソフォビア（ロシア嫌い）」の理由は何か

露宇戦争が始まってから、ネット空間に「実はEU、特にドイツ国民はウクライナ支援をしたくない」という言質がロシア支持デモの映像とともに投稿されるようになります。その実体がロイター通信の執念の取材で明らかにされました。例えば、ドイツでデモを扇動する男は同国に移住し婚姻を通じドイツ風に名前を変えた元ロシア空軍将校でした。またパートナーの「ウクライナ出身」の女性は「平和・自由・自決」といった一見戦争と関係ないスローガンで暖房費上昇の懸念や「ロソフォビア（ロシア嫌い）」のせいで仕事を首になったと主張します。しかしその活動資金の一部はロシア連邦文化科学協力庁（ロスソトルードニチェストヴォ）が支出しています。興味深いのは、彼ら活動家が反米左派だけではなく右派政治家と共闘している点です。日本でも民族派右翼や保守系を自称する人々にロシア寄りの傾向が見られますが、その主張の背景にいったい何があるのでしょうか。

コメント記事：「独でロシア関係者が民意扇動か　ウクライナ支援の弱体化狙う」2023年1月10日　共同通信

この「ロソフォビア（ロシア嫌い）」、世界中でロシア人やロシア文化が差別を受けていると主張していますが、2月24日まではロシア政府はあまり主張したことはありませんでした。一方、戦争が始まった後の、2022年3月26日の駐日ロシア大使館のTwitterでは、「西側諸国によるロソフォビア（嫌ロシア）のレトリックは非常に厳しく、その傾向は強まるばかりだ。ヨーロッパのあらゆる政治勢力はこの状況を利用して、内政上の目標を遂行しようとしている」と批判しています。

ただ、ロシアへの非難はロシア嫌いだからではなく、「理由はどうあれロシアが戦争を始めた」からです。

⑩⑦ 現役戦闘機パイロットが受ける重圧

インタビューを受ける搭乗員の左肩にはウクライナ空軍の第40戦術航空旅団の部隊識別章が見えますが、モチーフは日本でも松田重工のマンガで知られるようになった「キーウの幽霊」です。ヴァシルキウ空軍基地が拠点の同旅団は、1940年に第92戦闘航空連隊として発足、何名かの搭乗員はスペイン内戦にも共和政府側で参加し実戦経験も豊富で、第二次大戦中は286機を撃墜し、11人が「ソ連邦英雄」の称号を授与されます。部隊自体に「赤旗勲章」が贈られ、部隊名に冠されます。ウクライナ独立後の1992年1月に最も早く同国と国民に対し忠誠を宣誓した部隊の一つですが、ロシアとの戦争が始まった後の2015年にはソ連由来の「赤旗・親衛部隊」という名称を取り除きました。『キーウの幽霊』は戦死したステファン・タラバルカ少佐をモデルにしたフィクションですが、このインタビューからは同部隊の搭乗員たちのリアルな声が感じられます。

コメント記事：「『手震える』出撃に恐怖も　現役戦闘機パイロット、重圧語る」2023年1月10日　共同通信

キーウに登場した「キエフの幽霊」の壁画（写真：ZUMA Press／アフロ）

もちろん『キエフの幽霊』は僕も読みました。ウクライナ語版はウクライナ軍のヴァレリー・ザルジニー司令官の手にも届いたようです。

戦記漫画同人誌を描く松田重工さんのこの作品は、日本のサブカルチャーを通じた日本人とウクライナ人の交流の1ページとして記憶されるでしょう。

⑱ デヴィ夫人が現地訪問時にニット帽に付けていたバッジ

デヴィ・スカルノ夫人のウクライナ訪問ですが、移動はモルドバから車で、戦争が始まって何度かウクライナ入りし「ピース・ラリー」を主催するフランス人ドライバーらの運転で、オデーサを経由し、戒厳令のため夜間外出が制限されるので当局のエスコートで、夜通しでキーウへ。帽子にお付けなのはそのユニットの記章です。取材を受けているのは大量虐殺が行われたブチャ近郊です。実は当初は2月上旬に訪問予定で、僕もお誘いを受けたのですが、予定が変更になり、日程が合わずご一緒できませんでした。メディア関係者以外で日本からウクライナを訪問する初めての著名人ですが、政治的な動乱もご経験されたデヴィ夫人の目に今のウクライナはどう映ったでしょうか。

コメント記事：「デヴィ夫人、支援物資届ける　キーウ訪問で病院などに」２０２３年１月24日
共同通信

デヴィ・スカルノ夫人がニット帽に付けていたバッジは、「ゴースト・アーミー」と呼ばれた第二次世界大戦中のアメリカ軍第23本部付特殊部隊のものを模したものです。ウクライナに現在同マークを使った民間軍事会社があり、このバッジのマークを描いた車両と警察車両の先導でウクライナ各地を見て回りました。

僕は昨年の秋より夫人からウクライナ訪問のご相談を受けていましたが、なかなか実現せず申し訳なく思っていました。外務省海外安全情報レベル4での渡航に賛否もあるのかもしれませんが、日本で活動する著名人が現地を自分の目で見て、日本に伝えることは非常に意義深いのではないでしょうか。

⑲ 戦争と並行して行われている政府の汚職対策

その他に、ヴァシル・ロジンスキー・インフラ担当副大臣を含む6人の副大臣、5人の地方軍事行政長官（官選知事）が解任されました。ゼレンスキー政権、また彼個人にも手痛いのはキリロ・ティモシェンコ大統領府副長官の辞任です。PR会社出身で大統領選挙の広報も担い、戦争以降のスマホでの発信をはじめ、ゼレンスキーの発信を支えてきました。昨年10月頃から米GM社が支援で提供したSUVの私用などが問題視されていました。汚職捜査の前面に立っているのは国家汚職防止局NABUです。NABUは2014年10月に最高会議（国会）で法案が通り、翌年1月にその長官ポストが公募によって決まり、4月に発足したウクライナの「アンタッチャブル」です。ロシアと戦いながら、汚職との闘いも続くウクライナですが、今回の「綱紀粛正」は、戦時下においても汚職対策や捜査が通常、いや通常以上に行われていることを示しているとも言えます。

コメント記事：「ウクライナ高官の退任相次ぐ　腐敗批判で引き締めか」２０２３年１月24日
産経新聞

僕がキリロさんと出会ったのは2019年9月、とある国際会議のレセプションの会場でのことです。それまでにFacebookでつながっていたので初対面の気はしませんでした。背はあまり高くなく、目がクリクリっとして一見可愛らしいのですが、同時に自信に溢れる印象を受けました。

PR会社出身の彼は2022年4月のゼレンスキーの地下鉄での記者会見で最前列に堂々と座っていました。戦争の前には、専門外の道路などの社会インフラ建設の調整評議会を担当していることを批判されていました。一方、戦時下でのインフラ修復に力を発揮したのも事実です。副長官解任後、「お疲れさま」とメッセージを送ったところ「ありがとう」と一言返事がありました。

⑪⓪ 露・宇両国のアスリートが国際大会で健闘を称え合う日は来るのか

日本のメディアではウクライナの五輪ボイコットの「可能性」表明のニュースが多いのですが、昨日ラトビアのリンケビッチ外相が、ポーランド、リトアニア、ラトビア、エストニア外相会談後、4カ国ともロシアとベラルーシの選手のオリンピックへの参加に反対だと表明しています。理由は、露が政治目的でスポーツを利用している事です。記事にもあるフトツァイト大臣は以前にボイコットの可能性を排除しないが「極端な措置かもしれず…問題の外交的解決を望み努力している」とも述べています。もう1つの問題は露の国際大会代表の中に予備役を含む露軍人が含まれる事です。日本でも人気の男子フィギュアの「皇帝」プルシェンコは上級中尉でウクライナ侵略を全面的に支持しています。ウクライナでは戦時下で露軍人との接触が制限され「国家反逆罪」に問われる可能性もあります。両国の選手が試合後お互いの健闘を称えあう日はいつか本当にやってくるのでしょうか。

コメント記事：「選手、コーチ220人死亡　ウクライナ、ロシア侵攻で」2023年2月1日
共同通信

２０２１年9月に国際オリンピック委員会（ＩＯＣ）のトーマス・バッハ会長はキーウを訪問しゼレンスキーと会談しました。その際にウクライナが冬季五輪開催の立候補の意向があることを伝え、２０３０年開催に向けて動き始めました。その矢先に戦争が始まりますが、２０２２年7月、バッハは再びキーウでゼレンスキー大統領と会談します。この時、ゼレンスキーは、国に平和が戻った後、五輪を招致したい意向も伝えました。

まだ決まっていないのは２０３４年冬季、２０３６年夏季五輪の開催地です。いつかウクライナでオリンピックが開かれて、本当の意味での「世界の復興五輪」となることを心から願っています。

⑪ 日本も一役買っているウクライナ政府の汚職対策

まさに「これがウクライナの政局だ」という動きですが、まずはその政治の仕組みについて少し説明が必要でしょう。大統領・首相制を採る宇国では、外相・国防相のみ大統領の提案を経て最高会議（国会）が任命する仕組みです。つまりこの2ポストの「任命（指名）責任」がある大統領への批判に直結します。1月下旬、シャポヴァロフ国防副大臣の軍の食糧費水増し報道、反汚職局NABUの捜査に始まった一連の疑惑ですが、2月3日に国防省高官の兵舎建設費の横領に宇保安庁SBUの強制捜査を開始したのもレズニコフの痛手となりました。一方、現時点ではレズニコフがゼレンスキー政権を去らず、欧州のどこかの大使で起用か、他の閣僚への就任も囁かれています。後任が噂されるブダノフですが、実現すれば前政権以来の現役軍人の国防相ですが、予備役を除いて少将で就任の例はなかったかと思います。報道ベースですが本人はあまり乗り気ではないようです。

コメント記事：「ウクライナ国防相辞任へ　汚職で引責、士気に影響も」２０２３年2月6日
時事通信

「ウクライナの汚職は酷い」とよく言われます。たしかにトランスペアレンシー・インターナショナルの腐敗認識指数の最新の順位は116位と高くありませんが、2014年以降順位が上がってきています。

一方、ロシアは137位です。2016年以降、ウクライナを上回ったことはなく、「欧州で一番の汚職国家」です。ウクライナでは2014年のマイダン革命以降、IMFと欧州委員会の圧力もあり、国家汚職防止局NABUが設立されました。日本も一役買っており、2015年に作られたG7大使ウクライナサポートグループの一角として主に司法改革の助言をしてきました。

昨年7月にはゼレンスキーはNABUと特別汚職対策検察（SAP）の長官任命を促す発言を行い、戦時下でも積極的に汚職対策を進めています。

Yahoo!ニュースが認めた細かすぎる公式コメントをさらに細かく深掘りしたロシア ウクライナ戦争解説

著者 岡部芳彦

2023年4月5日 初版発行

岡部芳彦（おかべよしひこ）
1973年9月9日、兵庫県生まれ。神戸学院大学経済学部教授、同国際交流センター所長。政治・経済・文化などのウクライナ研究、日本・ウクライナ交流史が専門。ウクライナ国立農業科学アカデミー初の外国人会員。日本人とウクライナ人の交流史に関する著書を続けて刊行しているほか、ウクライナの詩集や民話の日本語への翻訳も行っている。ウクライナ内閣名誉章、最高会議章、ウクライナ大統領付属国家行政アカデミー名誉教授などを授与される。著書に『本当のウクライナ－訪問35回以上、指導者たちと直接会ってわかったこと－』（小社刊）など。

発行者 横内正昭
編集人 内田克弥
発行所 株式会社ワニブックス
〒150－8482
東京都渋谷区恵比寿4－4－9えびす大黒ビル
ワニブックスHP http://www.wani.co.jp/
（お問い合わせはメールで受け付けております
HPより「お問い合わせ」へお進みください）
※内容によりましてはお答えできない場合がございます。

装丁 小口翔平＋後藤司（tobufune）
フォーマット 橘田浩志
校正 東京出版サービスセンター
編集 大井隆義（ワニブックス）

印刷所 凸版印刷株式会社
DTP 株式会社 三協美術
製本所 ナショナル製本

定価はカバーに表示してあります。

ISBN 978-4-8470-6691-7